크리스천 부부의 행복한 결혼을 위한 5가지 약속

지금 당신이 최고다

크리스천 부부의 행복한 결혼을 위한 5가지 약속

지금 당신이 최고다

크레이그와 에이미 그로쉘 지음
박지은 옮김

선한청지기

나의 친구 크레이그와 에이미는 이 책을 통해 영속적인 결혼에 관한 유익한 조언을 들려준다. 결혼이나 재혼을 계획하고 있거나 더 견고한 결혼생활을 기대하는 독자라면, 분명 이 책을 중요한 발판으로 삼을 수 있을 것이다.

– 앤디 스탠리(노스포인트 교회 담임목사)

크레이그와 에이미 그로쉘은 이 책에 그들의 온 정성을 쏟았다. 이 아름다운 부부는 믿음, 즐거움, 신뢰, 사랑으로 어떻게 충실하고 확고한 결혼생활을 유지할 수 있는지를 말하며 우리에게 격려와 충고를 전해준다.

– 마크 버넷(영화감독), 로마 다우니(영화배우) 부부

모든 부부가 기대에 부풀어 결혼생활을 시작하지만, 그러한 현실을 꿰뚫는 현명한 부부들도 있다. 이 책은 참 좋은 자원이다. 내가 이 책을 결혼 초에 접했다면 좋았겠지만, 그래도 친구들과 공유할 수 있음을 기쁘게 생각한다. 지금 이후, 사랑의 샘으로 사람들을 인도할 에이미와 크레이그의 사역이 무척 자랑스럽다.

– 크리스틴 케인(The A21 캠페인 창시자)

　　같은 일을 계속 반복하면서 다른 결과를 기대한다면 건강한 정신을 가졌다고 할 수 없다. 더 나은 결혼생활을 원한다면 당신의 기대에 변화를 주어야 한다. 크레이그와 에이미 그로쉘은 우리의 결혼이 또 하나의 이혼통계 자료가 되지 않도록 그것을 보호하라고 촉구한다.

– 데이브 램시(뉴욕타임스 베스트셀러 작가, 라디오 진행자)

결혼에 대해 이 두 사람보다 실제적이고 중요한 진실을 말해주는 사람은 없을 것이다. 크레이그와 에이미 그로쉘은 결혼생활 가운데서 하나됨, 열정, 사랑, 그리고 하나님이 모든 부부 안에 두신 가능성을 구현해내고 있다. 결혼을 하려는 사람들과 이미 결혼의 여정에 있는 사람들을 위해 쓰인 이 책은 첫 페이지부터 실행에 옮길 만한 값진 충고와 격려들로 가득하다. 이 책을 읽고, 더 굳건하고 행복한 결혼을 향해 오늘 출발하라.

― 루이 기글리오(패션시티 교회 담임목사, 패션 컨퍼런스 설립자)

바비와 나는 크레이그와 에이미 그로쉘에게 깊은 사랑과 존경을 표한다. 우리는 그들과 개인적으로 교제하는 특권을 누리고 있을 뿐 아니라, 그들의 가정과 사역을 지켜보고 있다. 또한 그 삶의 열매가 경건과 지혜로 가득차 있으며 주변에 기쁨을 전염시키는 것을 본다. 친밀한 결혼생활과 헌신에 대한 그들의 원칙은 당신의 관계를 새롭게 하고 생기를 줄 것이다. 또한 지금 이후로 하나님을 구하는 당신에게 실제적인 도움을 줄 것이다.

— 브라이언 휴스턴(힐송교회 담임목사)

나는 크레이그 그로쉘의 팬이다. 아내 에이미와 함께 쓴 이 책은 정직하고 유쾌하고 낙천적이다. 이 책은 결혼한 부부들에게 큰 격려일 뿐 아니라 사려 깊고 유익한 약속의 선물이다. 무엇보다 견고하고 영속적인 결혼에 대한 솔직한 안내서다. 이 책을 읽고, 다른 사람들에게 소개할 것을 권한다.

— 켄 블랜차드(《칭찬은 고래도 춤추게 한다》의 공저자)

| 차 례 |

From
This Day
Forward

시작하며,
당신이 기대했던 것

시작하며.
당신이 기대했던 것

어린 시절, 결혼에 대해 머릿속으로 그려 본 적이 있는가? 당신이 여성이라면, 아마도 동화 같은 이상적인 결혼식을 꿈꾸었을지 모른다. 꿈속에서 당신의 남편은 영화배우 같은 외모에 흐트러짐 없는 머리 모양을 한 사람으로 등장한다. 이제 남편이 당신을 데리고 완벽한 집에 들어가는 장면으로 둘만의 생활에 대한 상상이 시작된다. 예쁜 덧문이 달린 그 집에는 잘 손질된 잔디밭이 있고 당신이 좋아하는 꽃들이 가득 피어 있다.

이 최고의 남자는 당신을 죽도록 사랑한다. 두 사람은 자녀를 많이 낳고 예쁜 이름들을 지어준다. (물론 상상의 나래를 펴던 때의 당신은 너무 어렸기 때문에, 임신 후의 체중 증가나 튼 살이나 제왕절개 같은 것은 전혀 생각하지 못했을 것이다.) 이 아름다운 꿈속에서 당신의 가족은 새로 사온 액자 속에 들어있는 모델들 같았을지 모른다.

자, 그러면 남성들은 어떤가? 당신은 십 대였을 때 어떤 결혼생활을 꿈꾸었는가?

상상 속의 아내는 비키니 모델처럼 아름다운 여성이다. 조금 더 상상력을 발휘해보자. 그녀의 머리카락은 당신이 좋아하는 색깔이다! 사실 그녀의 눈동자 색깔까지는 생각해보지 않았겠지만, 하루에 최소 두 번, 주일에는 세 번 정도 섹스를 하고 싶다는 기대는 있었을 것이다.

당신의 성별이 무엇이든, 나는 몇 가지 물어보고 싶은 것이 있다. 당신은 아직 그런 꿈을 꾸고 있는가? 아니면 현실에 눈을 떴는가?

지금의 결혼생활은 당신이 기대했던 바로 그런 삶인가?

큰 기대

사람들은 온갖 기대를 품고 결혼생활을 시작한다. 우리는 결혼을 상상하며 이상적인 환경을 그려보기도 한다. 하지만 결혼생활이 기대에 미치지 못할 때 많은 사람들은 실패감을 맛본다. 환멸, 실망, 고통, 분노, 낙담, 절망을 경험하며, 극단적으로 이혼을 선택하는 경우도 있다. 천생연분을 만난 줄로만 알았는데 무엇이 어디서부터 잘못된 것인지 의문을 품기 시작한다. 이런 사람과 평생을 함께하고 싶다고 믿었던 자신이 놀라울 따름이다.

하지만 우리가 직시해야 할 냉정한 진실이 있다면, 그러한 기대가 결코 오래 가지 않는다는 것이다. 그것들은 낭만적인 공상, 로맨틱 코미디, 포토샵으로 조작한 사진들, 의존적인 태도에 근거하고 있다. 그러나 가혹하게도 우리 모두는 불완전한 인간이다. 모든 사람들은 때로 치약 뚜껑 닫는 것, 변기 시트 올리고 내리는 것을 잊어버린다. 실은 모두가 화장실을 드나드는 존재인 것이다!

사람들은 모두 아침에 일어나면 입 냄새가 난다. 사람들은 모두 콧물을 흘리고 설사를 한다! 불쾌하지만 그것이 현실이다. 사람들은 모두 성질을 부리거나 상처 주는 말을 한다. 하지만 이상한 것은 우리 모두가 이토록 불완전함에도 불구하고, 이러한 현실이 결혼에 대한 우리의 공상에 작은 흠집조차 내지 못한다는 것이다!

아마도 당신은 과거의 관계들 속에서 상처를 받은 적이 있을 것이다. 그리고 친구나 부모, 혹은 성인이 된 자녀의 이혼을 목격한 적이 있을 것이다. 지금 당신이 맺고 있는 관계도 어쩌면 인위적으로 겨우 유지되고 있을지 모른다. 이런 경험들에 비추어 볼 때, 우리는 다음과 같은 질문을 던지게 된다. "**훌륭한** 결혼생활은 고사하고, 좋은 결혼생활이라는 것이 가능할까?"

독자들이 어떻게 받아들일지는 모르겠지만, 나는 진심으로 이렇게 대답하고 싶다. 물론 가능하다고, 심지어 우리의 결혼생활은 훌륭한 것이 될 수 있다고 말이다. 우리는 건강한 관계를 넘어, 사랑과 성장이 있고 잠재력을 온전히 발휘하도록 서로 돕는 관계로 나아갈 수 있다. 이런 결혼생활을 한다는 것은 물론 쉽지 않다. 수고가 따르고, 특정한 노력을 해야 한다. 분명한 사실은, 다른 모든 사람들과 똑같이 행동한다면 평범한 결혼생활조차 어렵다는 것이다.

그 이유는 쉽게 찾아볼 수 있다. 잡지나 인터넷 여기저기에 할 말을 잃게 만드는 끔찍한 통계들이 널려 있으며, 심지어 친구와 가족들의 삶도 그런 통계들을 뒷받침한다. 통계에 따르면, 기혼자의 약 50퍼센트는 결혼에 실패한다. 25세 이전에 결혼한 경우는 실패 확률이 훨씬 높다. 수입이 많든 적든, 교육 수준이 높든 아니든, 인종적 배경이 무엇이든 상관없다. 당신이 그리스도인이라 해도 그것은 아무런 보증수표가 될 수 없다. 그저 대다수의 사람들에게 결혼의 성공이란 모 아니면 도뿐이다.

그렇다고 해서 결혼생활을 유지하는 50퍼센트가 다 행복한 것은 아니다. 친밀감을 깊이 느끼지 못하는 이들, 혹은 자신의 인생과 꿈을 펼치지 못한다고 생각하는 이들이 많다. 그들은 '아이들 때문에' 산다. 혼자 자녀를 키우며 살 자신이 없어서 결혼생활을 유지하는 것이다. 내 이전 세대에서는 가장 어린 자녀가 출가하고 나서 황혼이혼을 택하는 경우가 점점 흔해지는 것 같다.

어쨌든 결혼을 하려는 사람에게 성공 확률은 높지 않아 보인다. 그렇다면 잠깐 함께 생각해보자. 당신은 인생의 어떤 다른 중요한 영역에서 50대 50의 가능성을 감수하겠는가?

만일 당신이 어떤 특정 상표의 시리얼을 좋아하는데, 그것을 먹는 사람들 중 50퍼센트가 암에 걸린다는 뉴스 기사가 나왔다고 하자. 그리고 연구를 통해 시리얼이 암의 발생원인이라는 사실이 밝혀졌다고 하자. 당신은 그 시리얼을 계속 먹을 수 있을까? 분명 다른 브랜드의 시리얼을 사올 것이다.

만일 믿을 만한 소식통으로부터 큰 규모의 경제공황이 발생한다는 뉴스가 곧 터질 것이라는 정보를 미리 입수했다면 당신은 어떻게 할 것인가? 당신이 보유한 모든 재산을 주식시장과 은행에 맡겨둔 상황이라면, 기사가 나온 직후 빈털터리가 될 확률은 50퍼센트다. 어떻게 하겠는가? 눈앞이 캄캄할 것이다. 당신은 필요한 질문들을 하고, 최대한 빠르게 조치를 취할 것이다. "어떻게 해야 하지? 내 돈을 보관할 만한 안전한 장소가 있을까?" 마냥 앉아서 일이 벌어지기만을 기다릴 수는 없다.

만약 당신이 고양이의 뇌를 감염시키는 바이러스가 온 세계에 퍼지고 있다는 사실을 알게 되었다고 하자. 감염된 고양이는 미쳐 날뛰다가 결국 주인을 문다고 한다. 어떻게 할 것인가? 당신의 고양이가 그 바이러스에 감염될 확률이 50퍼센트라면, 고양이가 햇빛이 잘 드는 창턱에 앉아 당신을 노려볼 때 당신은 바로 옆에 있는 스크래칭 포스트scratching post, 발톱으로 할퀼 수 있도록 만든 고양이 장난감_옮긴이를 집어 들고 방어하면서 도망칠 궁리를 해야 할 것이다.

이처럼 인생의 어떤 중요한 문제가 해결될 확률이 50대 50이라면 우리는 행동을 달리하게 된다. 다른 사람들과 똑같이 행동하려 하지는 않을 것이다. 주변을 둘러보기만 해도 그 결과는 뻔하다. 우리는 일이 어떻게 될지 이미 알고 있다. 그렇다면 왜 결혼을 운에 맡기려고 하는가? 왜 더 나은 방법을 찾아 성공 가능성을 높이려고 하지 않는가?

내가 사는 지역에서는 면허증을 받으려면 일정한 수업을 듣고 필기시험을 봐야 한다. 그 후에는 도로주행시험에 통과해야 한다. 이러한 시험들을 마친 후에는 차량국에 가서 면허증 발급 수수료를 내야 한다.

　하지만 결혼의 절차는 아주 간단하다. 그저 50달러를 내고 결혼허가서만 받으면 된다. 수업, 시험, 부부상담, 갈등해결 세미나 같은 것은 요구사항이 아니다. 결혼생활이라는 것에 대한 정보를 약간이라도 가지고 있는지 확인하는 절차 따위는 없다. 하지만 평생을 함께할 관계를 아무런 준비 없이 시작한다는 것은 얼마나 어리석은 일인가.

　오늘날 결혼을 앞둔 사람들은 결혼식 준비에 몇 달이고 시간을 투자한다. 그들은 세세한 문제들을 끊임없이 의논하고 조정한다. 청첩장은 어떤 모양과 어떤 색깔로 할지, 어떤 꽃을 살지, 어떤 드레스를 입을지, 피로연에서는 어떤 음식을 준비할지와 같은 것들을 말이다. 그들은 수없이 많은 시간과 노력을 들이고 엄청난 돈을 쓴다. 그러나 신중한 이 예비부부는 정작 자신들의 결혼생활과 관계를 위해서는 아무것도 준비하지 않는다. 성공적인 결혼식은 아마 (피로연을 제외하면) 한 시간 내에 끝날 것이다. 하지만 남은 평생 이 결혼이 지속되길 바란다면, 최소한 결혼식에 소요되었던 만큼의 계획과 관심 정도는 필요하지 않을까?

　당신이 아직 결혼 전이라면, 참 다행이라고 말해주고 싶다. 제대로 시작할 수 있는 시간이 아직 있기 때문이다. 당신은 이 세상의 방식과는 달리, 주변의 50퍼센트가 넘는 부부들과는 달리, 무엇을 어떻게 해야 할지 배울 수 있다. 당신은 운이 좋다. 하나님의 방법을 배우기에 그리 늦지 않았기 때문이다. 힘든 일들이 닥쳐오기 전에 미리 준비하면 된다. 당신은 다른 이와 동행하며 하나님을 예배하고 서로를 공경하는 삶의 자리로 나아갈 수 있다. 결혼이란 단순한 법률적 합의를 넘어, 서명이 있는 한 장의 서류를 넘어, 거룩하신 하나님 앞에서 영적인 언약을 하는 것이다. 그것은 바로 예배의 삶이다. 두 사람이 마음을 합하여 하나님을 최우선의 자리에 둔다면, 그분은 분명 당신이 바라는 결혼생활을 허락하실 것이며 또한 그렇게 하기를 기뻐하신다.

이미 결혼을 한 부부들에게도 나는 기쁜 소식을 전하려 한다. 시작이 좋지 않았더라도 아직 늦지 않았다. 혹은 시작이 좋았으나 중간에 뭔가 어긋나 어려움을 겪는 이들에게도 아직 소망이 있다. 열심히 규칙적으로 운동하여 체중감량에 성공한 사람들의 관리 전후 사진을 본 적이 있는가? 어떻게 그런 변화가 일어났을까?

그들은 예전에 하던 방식을 중단하고 다른 것을 시작했다.

그들은 아이스크림을 조깅화로 바꾸고, 도넛을 아령으로 바꿨다. 그들은 더 이상 되는 대로 아무렇게나 먹지 않고 건강을 생각하며 음식을 섭취하기 시작했다. 그들은 소파에 앉아 텔레비전 채널을 이리저리 돌리던 습관을 버리고 체육센터 강좌에 참여하기 시작했다. 그저 그런 결혼생활이나 불안정한 관계에 지쳤다면, 당신도 새로운 일을 시작하라.

하나님은 당신의 결혼을 향한 계획을 갖고 계신다. 당신에게 소망을 주고 새로운 시작을 허락하신다. 이제 당신이 그동안 해왔고 다른 모든 사람들이 하고 있는 일들, 즉 50퍼센트를 실패로 이끄는 그 일들을 중단하고, 당신의 결혼을 향한 그분의 계획을 붙들기만 하면 된다.

지금 이후로

내 아내 에이미와 나의 결혼생활이 완벽한 것은 아니다. 하지만 우리는 23년 전 (여섯 명의 아이들을 낳기 전) 주례자 앞에서 결혼서약을 했던 순간보다 지금 서로를 더 사랑한다. 우리는 성공적인 결혼생활의 비결이 과거에 이미 접했던 내용이라는 것을 깨달았다. 하지만 그것이 무슨 뜻인지 깊이 생각해보지 않았던 것 같다. 기쁨과 생명이 넘치는 결혼으로 가는 길은 이 단순한 말을 완전히 이해하는 데서 시작한다. "나(당신의 이름)는 당신(배우자의 이름)을 남편으로(아내로) 맞아 **지금 이후로** 언제나 함께할 것을 약속합니다."

지금 이후로. 이 두 단어는 소망과 약속으로 가득하다.

과거가 어떠하든 그것은 중요하지 않다. 데이트를 망쳤는가? 괜찮다. 대화가 잘 안 되는가? 괜찮다. 다시 주워 담고 싶은 말을 했는가? 괜찮다. 후회스러운 일을 했는가? 괜찮다. 하나님의 자비와 긍휼은 결코 다한 적이 없으며 매일 아침 새롭다. 그리고 그분은 언제나 신실하시다(애 3:22~23).

오늘부로 과거의 삶에 선을 그으라. 평생을 함께할 새로운 사랑, 서로에 대한 새로운 애정, 상상할 수 있는 최고의 결혼생활. 이 모든 것을 오늘 시작하라. 지금 이후로. 당신은 바로 이 순간, 앞으로의 모든 날들을 배우자에 대한 깊은 헌신으로 채워나갈 것을 거룩하신 하나님 앞에서 약속하면 된다.

'지금 이후로' 말이다.

결혼반지를 교환한 때가 그리스도인이 되기 전이든 후든, 그리스도를 따르기로 결정했다면 그 서약이 하나님 앞에서 한 것임을 잊지 말아야 한다. 배우자의 단점과 비교하면서 자신의 행동^{실수와} ^{나쁜 습관}을 변명하는 것은 쉽다. 하지만 스스로 그리스도인이라 이름하는 우리는 그것을 기준으로 삼아서는 안 된다.

우리는 이렇게 말한다. "좋을 때나 나쁠 때나, 부유할 때나 가난할 때나, 아플 때나 건강할 때나, 우리의 생명이 다할 때까지 배우자에게 충실할 것을 약속합니다. **하나님, 나를 도와주십시오.**"

그런데 많은 사람들이 이 마지막 말을 무미건조하게 읊조린다. 마치 학교에서 국기에 대한 맹세를 하는 것처럼, 혹은 교통위반 재판소에서 상황 진술을 앞두고 선서를 할 때처럼, "하나님, 나를 도와주십시오"라고 형식적으로 말하는 것이다.

하지만 우리는 그것을 오직 한 분이신 구원자를 향한 간청으로 생각해야 한다. "나는 이 모든 것을 실행에 옮기기로 결정합니다. 이 결정을 무너뜨리지 않겠습니다. 하나님, 나를 **제발** 도와주십시오!"

이런 마음을 가지고 있을 때, 우리는 관계들 속에서 그분께 합당한 자리를 내어드릴 수 있다. 자신의 약함을 깨닫고 결혼생활 가운데서 하나님의 주인됨을 인정하지 않으면 우리의 헌신을 지킬 수 없다는 사실을 고백하는 것이다(고후 12:9). 서로에 대한 헌신은 그분 앞에서 맺은 거룩한 언약에 나타나 있다.

우리의 헌신은 결정에 기초한 것이다. 매일의 모든 선택은 하나님과의 관계뿐 아니라 결혼생활의 질을 결정한다. 오늘 하는 선택이 내일의 결혼생활을 결정하는 것이다. 이 책에서 에이미와 나는 결혼생활의 실패를 막아줄 다섯 가지 결정에 대해 이야기하려고 한다. 당신이 이 결정을 내린다면, 하나님이 원하시는 진정한 결혼생활의 의미를 경험하게 될 것이다.

지금 나는 **감히** 당신에게 결혼생활에서 다음의 다섯 가지 결정을 지키기를 요청한다.

1. 하나님을 구하라.

2. 건설적으로 싸우라.

3. 즐거움을 누리라.

4. 순결함을 지키라.

5. 절대 포기하지 말라.

당신과 배우자가 (혹은 미래의 배우자가) 이 다섯 가지를 실천하기로 진지하게 결정한다면, 십 대에 간직했던 그 어떤 환상보다 더 풍성하고 더 깊고 더 신뢰할 만하고 더 가치 있고 더 열정적인 사랑의 관계를 누릴 수 있을 것이다.

통계에 속한 사람이 되지 말라. 평균치가 되지 말라. 늘 꿈꿨던 결혼생활을 현실에서 누리라.

이제 시작해보자. 지금 이후로.

From
This Day
Forward

첫 번째.
하나님을 구하라

첫 번째.
하나님을 구하라

"결혼을 창조한 최고의 조물주께서 당신들의 마음을
하나로 이어주실 것입니다."

– 윌리엄 셰익스피어,《헨리 5세》

사람들은 '운명의 짝'에 대해 이야기한다.

로맨틱 코미디 영화, 연예가의 열애소식, 온라인 데이팅 웹사
이트, 심지어 주변의 친구들을 통해 우리는 늘 이런 이야기를 접
한다. "진정한 성공을 원하십니까? 그렇다면 '운명의 짝'을 만나야
합니다. 그런 사람을 찾기만 한다면, 그때부터 세상 모든 것이 무
지개와 꽃과 사랑 노래가 될 것입니다."

그리스도인들도 결혼 전에 완벽한 소울메이트를 찾느라 많은
시간을 쏟는다. 어떤 이들은 그런 노력을 뒷받침할 만한 근거를
성경에서 찾는다. "찾으라 그리하면 찾아낼 것이요"라는 친숙한

구절도 그중 하나다. 〈마태복음〉 7장 7~8절에서 예수님은 이렇게 말씀하신다. "구하라 그리하면 너희에게 주실 것이요 찾으라 그리하면 찾아낼 것이요 문을 두드리라 그리하면 너희에게 열릴 것이니 구하는 이마다 받을 것이요 찾는 이는 찾아낼 것이요 두드리는 이에게는 열릴 것이니라."

아마 많은 이들이 이 구절을 외우고 있을 것이다. 특별한 누군가를 찾고 있는 미혼자라면, 매일 진심을 다해 이런 기도를 드릴지도 모른다. "예수님, 당신은 무엇이든 원하는 것을 구하기만 하면 주실 것이라고 말씀하셨습니다. 또한 찾으면 찾을 것이고, 구하면 받을 것이라고 말씀하셨습니다. 주님, 저를 완전하게 해줄 사람을 보내주세요. 구하면 주신다고 **약속하셨으니** 이제 이루어주십시오! 감사합니다. 아멘."

사람들은 운명의 짝을 만나기 전에는 진정한 행복을 누릴 수 없을 것이라고 믿는다. 당신이 미혼의 그리스도인이라면, 당신의 필요를 채워줄 수 있는 대상을 이미 찾고 있었을지도 모른다. 당사자는 아직 모르고 있겠지만, 그는 아마 당신의 미래의 배우자일 수도 있다. 당신이 기혼자라면, 배우자가 심기일전해서 당신이 바라는 것들을 채워주길 바라고 있을지 모른다. (왜 그들은 그토록 고집스러운 것일까? 왜 당신의 행복을 위한 일들을 해주지 않으려는 것일까?)

이야기는 늘 비슷하게 전개된다. 소년은 소녀를 만난다. 소년은 소녀의 아름다운 얼굴을 보고, 소녀의 머리카락에서 좋은 냄새를 맡는다. 그렇게 소년의 마음은 한껏 부풀어 오른다. "그 애는 내 운명의 짝이야!"

소녀는 그보다 좀 더 정교한 존재다. 황홀한 첫 데이트를 마치고 돌아오자마자 소녀는 친구들과 엄청난 문자메시지를 주고받는다. "정말 최고였어! 그 사람 너무 괜찮은 것 같아! 너희들이 그 눈빛을 봤어야 하는데…… 그리고 체격이 좋은 걸 보니까 운동을 열심히 하나봐!" 그리고 그들이 **항상** 하는 말은 이것이다. "몇 시간이나 얘기를 했는데도, 영원히 끝나지 않을 것만 같았다니까!" (소녀들이여! 누릴 수 있을 때 누리시라!) "함께 있으면 내가 완전해지는 느낌이야. 내 반쪽이라는 걸 금세 알아봤어!"

결혼한 이들도 같은 성경구절을 읊으며 기도한다. 물론 내용이 살짝 다르긴 하지만 말이다. "예수님, 당신은 제가 원하는 것은 무엇이든 구하라고 말씀하셨습니다. 그리고 구한 것은 이미 받은 줄로 알라고 하셨지요. 솔직히 예전에는 당신이 제게 허락하신 이 사람이 운명의 짝이라는 걸 믿어 의심치 않았습니다. 하지만 지금은 잘 모르겠습니다. 다만 제 배우자가 저를 채워줄 수 있는 사람이 되게 해 주십시오. 이 기도를 들으실 줄로 믿습니다. 아멘."

운명의 짝을 찾았다고 기뻐했던 이들도, 머지않아 상대방이 과연 '그 사람'인지 의문을 품게 된다. 처음에는 모든 것이 완벽하게만 느껴지던 관계에 조금씩 균열이 생기기 시작하는 것이다. 결국 특별한 사람을 찾는다는 것은 망망대해에서 금을 캐는 것만큼이나 불가능한 일이라는 것을 깨닫는다. 왜 이런 일이 일어나는 것일까? 왜 그 운명의 짝은 우리가 원하는 이상형이 되지 못하는 것일까?

이유는 간단하다. 당신은 완벽한 운명의 짝을 찾고자 하지만, 누구도 결코 그런 존재가 될 수 없다.

단 한번이라도 이런 말을 들어봤으면 좋겠다. "정말 훌륭하고 믿음이 좋은 사람을 만났습니다. 함께 있으면 늘 즐겁고, 분명히 영적으로도 통하는 게 있어요. 인생에서 두 번째 짝을 만난 것 같아요." 이것은 삶을 온전케 하기 위해 우리가 만나야 할 첫 번째 짝이 하나님이라는 뜻이다.

이것을 꼭 기억하자. 하나님이 당신의 첫 번째 짝이며, 배우자는 두 번째다.

유일무이한 존재

의미 있고 영속적인 모든 관계를 유지하는 데 있어서 가장 중요한 근본적 원칙은 바로 이것이다. 하나님이 첫 번째 짝이라는 사실 말이다.

하지만 이것은 나 혼자만의 개인적인 주장이 아니다. 예수님이 하신 말씀을 한번 읽어보자. 〈마태복음〉 22장 36절에서 한 바리새인히브리 율법에 정통한 사람이 예수님께 물었다. "율법 중에서 어느 계명이 크니이까?"

예수님은 "네 마음과 목숨을 다해 네 배우자를 사랑하라"고 대답하지 않으셨다. 그분의 대답은 무엇인가?

"네 마음을 다하고 목숨을 다하고 뜻을 다하여 주 너의 하나님을 사랑하라…… 둘째도 그와 같으니 네 이웃을 네 자신 같이 사랑하라"(마 22:37, 39).

이는 사실 "하나님은 너의 첫 번째 짝이니 그분을 가장 중요한 자리에 놓으라"는 뜻이다.

우리와 함께할 첫 번째 짝은 하나님이시며, 두 번째 짝은 배우자다.

이 책은 미혼자와 기혼자 모두를 대상으로 한다. 하지만 지금은 언젠가 결혼하게 될 사람들을 위해 먼저 이야기를 시작하려고 한다. (오래된 기혼자들은 언제나 "그 사실을 결혼 **전에** 알았더라면……"이라고 말하기 때문이다.)

보통 예배 중에 나는 여기 미혼자가 있으면 손을 한번 들어보라고 한다. 그런 다음, 손을 들고 있는 다른 사람들 중에 혹시 짝이 될 만한 사람이 있나 주변을 한번 둘러보라고 말한다. 내가 정말 바라는 것이 있다면, 내가 맺어준 인연으로 많은 젊은이들이 결혼을 하고 아이를 낳아 그 이름을 '크레이그'라고 짓는 것이다. 그래서 지금으로부터 19년이나 20년쯤 후 그 아이들로부터 졸업한다는 소식을 듣게 되길 바란다.

언젠가 동반자를 만나기 원한다면, 다음의 말을 마음에 새기기 바란다. 그리고 글로 써서 화장실이나 자동차 거울, 혹은 매일 볼 수 있는 어딘가에 붙여두기를 권한다. "나는 두 번째 짝을 만날 준비를 하면서 첫 번째 짝인 하나님을 구할 것이다."

당신이 그리스도인이고 아직 결혼 전이라면, 다른 무엇보다 하나님을 경외하고 그분을 사랑하고 그분을 구하고 그분을 알아가야 한다. 또한 그분의 성령과 동행해야 한다. 당신이 행하는 모든 일을 통해 하나님께 영광을 올려드릴 수 있도록 인생을 설계해야 한다. 배우자를 구하지 말라. 대신 하나님 나라와 그 의를 구하라. 그것을 가장 우선순위에 놓을 때, 〈마태복음〉 6장 33

절의 말씀대로 하나님은 당신이 필요로 하는 모든 것을 허락하실 것이다.

하지만 문제는 오늘날 수많은 그리스도인 청년들이 '하나님의 일'을 좀 더 나이가 들 때까지 미뤄도 된다는 생각을 갖고 있다는 점이다. 인생의 황혼기가 되면 어차피 영적인 일에 집중할 시간이 많아질 테니 젊을 때 그런 일에 굳이 신경 쓰지 않아도 된다는 것이다.

미혼자들은 이렇게 생각하는 경향이 있다. "언젠가 결혼을 하면, 내 가족과 함께 교회 일에 충성할 거야. 하지만 지금은 좀 즐기고 싶어. 클럽에도 다니고 사람들도 다양하게 만나볼 거야. 지금 이 사람 저 사람과 교제해 보는 것도 좋을 것 같아. 어떤 사람들은 내 삶이 얄팍하고 경건하지 못하다고 생각할 수 있겠지만 영적인 문제는 나중에 해결하면 돼." 이러한 삶의 태도는 매우 흔한 것이 되었다. 하지만 그것은 매우 위험할 뿐 아니라, 배우자를 찾는 데도 방해가 된다.

나와 비슷한 사람

앤디 스탠리Andy Stanley는 훌륭한 교회의 담임목사이며 나와 가까운 친구다. 언젠가 앤디는 내가 하고 싶었던 말을 이야기로 잘

풀어준 적이 있다. 그 이야기를 아래 옮겨본다.

   한 소녀가 있었다. 그녀는 아주 헌신된 그리스도인이었지만, 대학에 가서 다른 대학생들과 다를 바 없이 생활했다. 처음에는 분위기를 맞춰야 한다는 부담 때문에 마지못해 파티에도 가고 친구들과 어울렸다. 그렇게 한두 잔씩 마시기 시작한 술은 걷잡을 수 없을 만큼 늘었다. 얼마 후 그녀는 마약에도 손을 대기 시작했다. 많은 남자들을 만났고, 자기 삶을 돌아볼 겨를도 없이 한없이 방탕한 죄들로 물들어갔다.
   그렇게 살아가는 중에도 한편으로는 이런 생각이 남아있었다. "나는 아직 하나님을 믿고 있어. 나중에 신실한 결혼생활도 하고 싶어. 언젠가는 옛날처럼 내가 옳다고 믿는 일을 할 거야." 그러면서도 그녀는 파괴적인 생활을 멈추지 않았다.
   그러던 어느 날, 한 친구가 학생회관 앞에서 어떤 남학생을 그녀에게 소개해주었다. 그는 그녀가 미래의 남편감으로 바라는 모든 것을 갖춘 남자였다. 신실하고 훌륭한 리더일 뿐 아니라 다른 청년들을 위해 제자훈련을 하고 있었다! 그는 이미 자신의 은사로 세상을 변화시키는 일에 힘쓰고 있었고, 아주 유망해 보이는 경력을 막 시작한 단계였다. 그 사람이 자신과 잘 어울리는 상대라고 생각했던 그녀는 기회가 있을 때마다 그와 대화를 시도했다.

몇 주 후, 그녀는 일주일 간 집에 머물며 엄마와 이야기를 나눌 기회가 있었다. "엄마, 요즘 나 많이 들떠있어요. 학교에서 만난 한 남자가 있는데요, 완전히 제 이상형이에요. 믿음도 좋고 친절하고 똑똑하기까지 해요. 정말 완벽하다니까요! 결혼을 한다면 꼭 이런 사람과 하고 싶었는데, 이 사람이 제 짝인 것 같아요. 엄마, 이제 내 마음을 어떻게 전하면 좋을지 생각 중이에요."

엄마는 살짝 인상을 찡그리더니, 최대한 부드러운 말투로 딸에게 이야기했다. "그 남학생이 네가 말한 대로라면, 너 스스로 정말 정직해야 할 것 같구나. 그런 청년은 아마도 너 같은 짝을 찾고 있지는 않을 거야."

이 이야기를 들으며 가장 안타까웠던 부분은, 엄마의 말이 틀린 데가 없다는 점이었다! 확실하고 간단한 원칙은 이것이다. 당신이 무엇을 **원하냐는** 것은 중요하지 않다. 어차피 비슷한 사람들끼리 서로 만나게 된다. 당신이 경건한 결혼생활을 꿈꾸고 있다면, 오늘 경건한 삶을 시작해야 할 것이다.

당신이 결혼하기 원하는 바로 그런 사람이 되라.

당신의 이상형이 18명의 섹스 파트너가 있는 사람이라면, 부디 그렇게 행하고 스스로 그런 사람이 되라. 한 가지 기억할 것은, 다른 사람들이 하는 대로 똑같이 행하면 영속적인 결혼생활에 성공할 확률이 그들처럼 50대 50이 될 것이라는 점이다. 의미있는 결혼생활을 할 확률은 훨씬 더 적어진다. 다른 사람과 다른 무언가를 원한다면, 다른 사람들과는 다른 무언가를 해야 한다.

그리스도께 헌신한 배우자를 원한다면, 그리스도께 당신 자신을 드려야 한다. 삶의 모든 영역에서 매일 하나님을 구하는 사람을 원한다면, 하나님을 매일 추구하는 삶을 시작해야 한다. 결혼을 기다리고 있다면, 당신이 결혼하고 싶은 사람이 되어야 한다.

"나는 두 번째 짝을 만날 준비를 하면서 첫 번째 짝인 하나님을 구할 것이다."

결혼의 방정식

당신이 이미 결혼을 했다면, 좀 다른 서약을 하게 될 것이다. "나는 두 번째 짝과 함께 첫 번째 짝인 하나님을 항상 구할 것이다."

이것은 왜 중요한가? 하나님을 첫 번째 짝으로, 배우자를 두 번째 짝으로 받아들이지 않는다면, 하나님이 원하시는 결혼생활이 될 수 없기 때문이다. 불행히도 많은 사람들은 이를 혼동한다. 어떤 사람들은 배우자를 첫 번째 자리에 놓으려고 한다. "당신은 내 전부예요. 내 행복은 모두 당신에게 달려 있어요!"

어떤 부부들은 하나님을 언제나 첫 번째 자리에 둔다. 하지만 그들이 비워둔 두 번째 자리는 배우자가 아닌 다른 무언가를 위한 것이다. 어떤 이들은 자녀를, 또 어떤 이들은 자신의 경력을 그 자리에 둔다. 하지만 하나님이 첫 번째, 배우자가 두 번째가 아닌 다른 그 어떤 조합도 결혼생활 유지에 도움이 되지 못한다.

배우자(혹은 연인)를 첫 번째 자리에 놓으려고 한다면, 당신은 그 대상에게 부당한 압박을 가하고 있는 것이다. 다른 존재를 그런 고결한 위치로 격상시키는 것을 표현하는 한 단어가 있다. 그것은 바로 우상숭배다. 하지만 우리의 필요를 채워줄 수 있는 사람은 그 누구도 없다는 것을 알아야 한다. 마크 드리스콜Mark Driscoll은 《예수 안에서 나는 누구인가》Who do you think you are?, 두란노에서 이렇게 표현한 적이 있다. "우상들은 항상 우리를 실망시키기 때문에 결국 우리는 자신이 우상화했던 사람들을 악마로 매도하게 된다." 우리가 숭배했던 사람이 우리를 실망시킬 때(모든 인간은 실수를 저지르고 죄를 짓기 때문에 이는 당연한 결과다), 그들은 비난의 표적이 된다. "어떻게 그럴 수가 있어? 왜 내 필요를 채워주지 않는 거지? 사람이 왜 그렇게 비열하고 이기적이야?"

우리는 모두 이런 상황을 흔히 목격한다. 당신의 친구는 마음에 드는 사람을 처음 만났을 때 이렇게 말했을 것이다. "그녀는 체계적인 사람이야. 뭐랄까…… 아주 주도적인 편이지. 모든 일에 열정적인 자세가 정말 마음에 들어." 하지만 결혼을 하고 시간이 흐르면, 당신의 친구는 좀 다른 관점을 갖게 된다. "그 여자는 정말 제 맘대로야! 모든 일을 자기 식대로 처리하려고 한다니까! 내가 하는 일은 죄다 성에 안차는 것 같아. 그렇게 지치지도 않고 바가지를 긁어대니 진짜 지긋지긋하다고!" 처음에 우상이었던 대상은 그렇게 악마가 된다.

물론 여성들도 똑같은 경험을 한다. 그녀는 친구들에게 이렇게 말한다. "그 사람의 제일 좋은 점이 뭔지 알아? 느긋하다는 거야. 내 생활이 평소에 얼마나 여유가 없는지 너도 잘 알지? 나한테는 그의 태평스러운 성격이 정말 도움이 돼. 그 사람과 같이 있으면 마음이 누그러져. 항상 나를 위로해주거든." 하지만 한동안 적응기를 거치고 나면, 그토록 매력적으로 느껴졌던 그의 장점들은 그녀의 영혼을 좀먹기 시작한다. "어휴, 하루 종일 집에서 꼼짝 않고 뭘 하는 건지! 절대 밖에 나갈 생각도 없고, 뭘 하려고 하지도 않아. 가족에 대한 책임감이 아예 없는 거지. 그냥 종일 소파에 앉아서 비디오게임이나 하도록 내버려두면 제일 행복해 할 그런 인간이라고!" 우리가 다른 사람을 우상화하기 시작할 때, 어느 시점에 그들을 죄인처럼 취급하게 되리라는 것은 자명하다.

그 때문에 당신은 결혼할 때 결심을 다잡아야 한다. '나는 두 번째 짝을 만날 준비를 하면서 첫 번째 짝인 하나님을 구할 것이다'라는 결심 말이다.

핵심 습관

첫 번째 짝, 즉 하나님을 구한다는 것은 정확히 무슨 뜻일까? 그분을 추구하고 그분에 대해 배우고 그분을 인격적으로 알아갈 수 있는 실제적인 방법은 무엇일까? 교회 강의를 준비하며 생각을 정리하고 나니 좋은 목록을 뽑을 수 있었다. 아내와 내가 하나님을 첫 번째 짝으로 삼기 위해 실천했던 수많은 것들도 포함되어 있었다. 대부분은 실제적이고 또한 영적인 것들이다. 그중에서 부부가 함께 하나님을 구하는 방법에 관한 몇 가지 예를 소개하겠다.

– 하나님의 말씀을 함께 읽는다.

- 교회뿐 아니라 가정에서도 정기적으로 함께 예배를 드린다.
- 다른 그리스도인 친구들과 소그룹을 이루어 정기적으로 만난다.
- 우리 부부가 영적으로 함께 성장하는지 점검해 달라고 친구들에게 부탁한다.
- 함께 교회를 섬기며 은사를 사용한다.
- 공동체를 변화시키는 일에 동참한다.
- 자녀들이 영원한 가치를 향해 나아가도록 가르친다.
- 영적인 전통을 자녀들과 함께 만들어나간다.

하나하나 훌륭한 내용들이다! (훨씬 더 많지만 일부만 소개한 것이다.) 하지만 기도하는 중에 하나님이 깨닫게 하신 것이 있었다. 만일 내가 사람들에게 8가지(혹은 10가지나 12가지)를 제시한다면 그중 아무것도 실천하지 않을 가능성이 높다는 것이다. 안타깝게도 그것이 바로 목회자나 리더들이 당면한 현실이다.

나는 단순한 한 가지 원칙만 이야기하기로 결정했다. 당신이 원하는 것이 하나님과의 진실한 관계라면, 가장 중요한 한 가지 영적 원칙은 바로 그분을 구하는 것이다.

이 말은 상당히 모호하기 때문에 여러 가지 방법으로 해석될지 모른다. 그래서 조금 더 설명을 덧붙이겠다. 나는 최근 찰스 두히 그Charles Duhigg가 쓴 《습관의 힘》The Power of Habit, 갤리온이라는 책을 읽었다. (목회자들이 성경만 읽는 것은 아니다.) 두히그는 이 책에서 **핵심 습관**keystone habits에 대해 이야기한다. 핵심 습관이란, 그 습관을 시작했을 때 곧 다른 좋은 습관들로 이어지는 것을 말한다. 반면 불행히도 이러한 핵심 습관들을 행하지 않았을 때는 나쁜 습관들로 이어지는 부정적인 힘을 낳기도 한다. 나는 리더십 관련 행사나 콘퍼런스에서 이 주제로 몇 차례 강의를 하면서, 이 원칙에서 한 가지 충고를 추출해냈다. 그것은 바로 "치실질flossing을 결코 멈추지 말라"는 것이다.

치실질하기

당신이 아는 치과의사가 내게 전화해서 치실질 좀 강조해 달라고 부탁한 것은 물론 아니다. 내가 하려는 말은, 당신의 핵심 습관이 무엇인지 찾아내야 한다는 것이다. 핵심 습관은 당신이 그것을 멈췄을 때 다른 나쁜 습관들에 연쇄적으로 빠지게 만드는 촉매제가 된다. 나에게 가장 중요한 습관은 치실질이다. 치실질을 멈췄을 때의 결과는 불 보듯 뻔하다. 늘 해오던 몇 가지 운동들을 건너뛰게 되는 것이다. 또한 운동을 건너뛰면 자동적으로 건강에 좋지 않은 음식들을 먹게 된다.

치실질을 하고, 운동을 하고, 음식을 조심하는 것은 내가 오랫동안 지켜온 좋은 습관들이다. 무슨 이유에서인지 이러한 것들은 서로를 지탱하고 있는 것 같다. 마치 피라미드의 벽돌들처럼 말이다. 이 습관들 중 하나가 무너지면 연쇄반응을 일으킨다. 도미노처럼 하나씩 하나씩 무너지기 시작하는 것이다.

하지만 내가 치실질을 하면 운동을 거르지 않는다. 그리고 규칙적으로 운동을 할 때는 꽤 유혹적인 음식을 봐도 이렇게 생각한다. '나는 지금 이걸 먹지 않을 거야. 운동에 이렇게 많은 노력을 들이고 있는데 이런 정크푸드 때문에 망칠 수는 없지. 모든 수고를 수포로 돌릴 만한 가치가 전혀 없는 음식이야.'

치실질을 하면 운동을 하게 된다. 운동을 하면 좋은 것을 먹게 된다. 운동을 하고 좋은 것을 먹으면 잠도 푹 자게 된다. 잘 자고 나면 일찍 일어나도 기분이 상쾌하다. 일찍 일어나서 기분이 좋으면 일에 더 집중하게 되고 하루를 생산적으로 보낼 수 있다. 하나님이 내게 명하신 일들을 다 할 수 있을 것 같은 기분이 들면 행복감과 성취감으로 충만해진다. 그렇게 저녁 무렵 집으로 돌아가면 뭔가 일을 덜 끝낸 것 같은 기분도 들지 않고 일들이 머릿속을 맴돌지도 않는다.

일 때문에 정신이 분산되지 않으면 부담 없이 가족들과 시간을 보낼 수 있다. 앞서 말했던 것처럼 내게는 여섯 명의 자녀가 있다. 모든 아이들에게 아빠 역할을 하기 위해서는 충분히 함께 있는 시간이 필요하다. 딸들이 행복해 하는 것은 마음껏 재잘대고 내 옆을 파고들고 깔깔 웃고 내 칭찬을 받을 때고, 아들들은 함께 레슬링을 하고 간지럼을 태우고 장난을 칠 때다. 내가 아이들에게 좋은 아빠 노릇을 할 때 아내도 내게 만족한다. 또한 아내가 내게 만족할 때는……. 음, 그러니까 내 결론은 매일 치실질을 할 만한 충분한 가치가 있다는 것이다!

하지만 치실질을 하지 않으면 나는 분명히 운동을 건너뛸 것이다. 운동을 건너뛰는 날은 언제나, 교회 사무실에서 먹다 남은 컵케이크와 도넛 따위를 보게 된다. '오늘 운동을 못했군. 어차피 벌써 틀어졌으니 오늘은 그냥 마음껏 먹는 날로 생각하지 뭐.' 그렇게 결국 남은 것을 다 먹어 치우고 만다. 그날 밤은, 운동을 하지 않은 데다 당분의 과다 섭취로 에너지가 불안정하기 때문에 침대에 누워도 뒤척이기만 하고 쉬 잠이 들지 못한다.

다음 날 일하러 가면, 누군가 이렇게 묻는다. "눈 밑에 다크서클이 생겼네요. 그리고 혹시 살이 좀 찐 거 아닌가요?" 스스로에 대한 실망은 거기서 그치지 않고 쉽게 분노로 바뀐다. 퇴근하는 차 안에서 괜히 씩씩대며 속도를 높인다. 경찰이 차를 세우라는 신호를 보내면 나는 급히 줄행랑을 친다. 헬리콥터들이 따라오고 상황이 텔레비전으로 중계되면 온 도시가 알게 된다. 물론 경찰은 나를 금세 따라잡고 도주 및 저항 혐의로 체포한다. 자, 나는 지금 이 글을 감옥 안에서 쓰고 있다. 왜 이렇게 됐을까?

이 모든 게 치실질을 안 했기 때문이다!

절대 치실질을 멈추지 말라!

기도하기

과장 섞어 이야기하긴 했지만, 요점은 이것이다. 어떤 습관들은 인생에서 앞으로 나아가는 힘을 만들어낸다. 그와 같은 습관들은 힘써서 지키지 않을 때 부정적인 힘으로 변한다. 하지만 꾸준히 실천하기만 한다면 당신이 하나님을 성실히 구하도록 도와주는 한 가지 핵심 습관이 있다. 게다가 그것은 간단하다! 이 한 가지를 매일 실천한다면, 그것은 분명 당신의 삶을 바꿀 것이다. 그 핵심 습관은 바로, 기도하며 함께 하나님을 구하는 것이다.

당신이 결혼한 그리스도인 여성이라면, 지금 이 글을 읽고 들뗐을지 모른다. "바로 이거야! 이제 남편도 기도 안 한다는 핑계는 못 대겠지!" 하지만 당신이 지금껏 아내와 기도해 본 적이 없는 남편이라면 속으로 신음소리를 내고 있을 것이다. "기도하는 건 상관없는데 **다른 사람들**과 기도한다는 게 영 불편해. 아내랑 같이 해도 마찬가지야. 대체 뭐라고 기도해야 하는 거지? 분위기가 정말 어색해질 텐데……."

나는 잠시 후에 이 모든 것에 대해 설명할 것이다. 하지만 그 전에, 언젠가 결혼을 하려는 이들에게 말해주고 싶은 것이 있다. 다른 사람과 같이 기도해 본 적이 없다면, 함께 기도하는 것이 매우 사적인 분위기를 조성할 수 있음을 미리 말해두고 싶다. 다른 사람, 특히 당신이 이성적인 매력을 느끼는 누군가와 손을 잡고 당신의 어떤 문제를 위해 함께 기도한다면, 그것은 매우 은밀하고 가깝고 끈끈한 경험이 될 수 있다. 당신이 진지하게 생각하고 결혼까지 고려하는 사람이 있을 때 그 사람과 함께 기도하는 것은 물론 중요한 일이다. 하지만 그에 못지않게 안전을 위해 경계를 잘 설정하는 일도 똑같이 중요하다.

성경에는 나와 있지 않지만, 유념해야 할 조언이 있다. '사고'를 칠 수 있는 은밀한 환경에서 둘이서만 기도하지 말라. (당신은 '사고'가 무슨 뜻인지 아마 알고 있을 것이다.) 대신 책임질 수 있는 환경에서 기도하라. 예를 들어, 다른 친구들이 있는 곳도 좋고, 공원과 같은 열린 장소도 좋다. 식당에서 큰 식탁을 사이에 두고 앉아도 좋고, 전화로 함께 기도하는 것도 좋다. 하지만 소파에 둘만 앉아 기도하지는 말라. 앉든 서든 자세를 똑바로 하고, 침대 같은 곳은 금물이다. 몸을 비스듬히 눕힐 수 있는 환경을 피하라! 그렇지 않으면 문제가 발생하고 불순한 것들이 끼어든다. 당신도 이미 알고 있을 것이다. 함께하는 기도가 순결하고 흠 없는 것이 되게 하라. 당신이 결혼에 대해 기대하는 것처럼 말이다.

결혼한 부부라면, 물론 침대에서 함께 기도해도 좋다. (사실, 나는 그렇게 하라고 추천한다.) 그것은 결혼생활에 도움이 된다. 함께 하나님과의 사귐을 나눌 때, 자연스럽게 다른 것들도 공유하고 싶은 마음이 생길 것이다.

함께 기도하는 것은 왜 그렇게 중요한가? 〈역대하〉 7장 14절은 이렇게 기록한다. "내 이름으로 일컫는 내 백성이 그들의 악한 길에서 떠나 스스로 낮추고 기도하여 내 얼굴을 찾으면 내가 하늘에서 듣고 그들의 죄를 사하고 그들의 땅을 고칠지라." 특히 이미 결혼생활에 어려움을 겪는 사람에게는 더욱 중요하다. 스스로를 낮추고 겸손히 기도하며 하나님의 얼굴을 찾으면, 하나님은 반드시 하늘에서 듣고 결혼생활을 고치실 것이다.

지금 있는 곳에서 시작하기

기도에 대해 강의할 때마다, 혹은 기도에 대한 대화의 자리에서, 나는 언제나 비슷한 이야기를 듣는다.

"어떻게 기도해야 할지 모르겠습니다!"

"무슨 말을 해야 하나요?"

"뭔가 어색하고 부자연스러워요."

그럴 수 있다. 하지만 잘 생각해보라. 해 본 적 없는 일을 할 때 우리는 항상 그렇게 느낀다. 처음 야구공을 던질 때, 처음 차를 운전할 때, 처음 새로운 일을 시작할 때 말이다.

나는 딸이 넷이다. 딸들이 어렸을 때 머리를 빗기고 예쁘게 묶어주는 일은 참 쉽지 않았다. 아무리 노력해도 언제나 비뚤어지거나 헐겁게 되었고, 때로는 머리카락들이 짓궂게 끈 밖으로 빠져나왔다. 지금도 여전히 나는 딸들이 머리를 묶는 모습을 경이에 차서 바라본다. 머리끈을 입에 물고 양손으로 머리카락을 추켜세운 다음 두세 번 정도 쓰다듬으며 정돈을 한다. 그런 다음 한 손으로 머리카락을 움켜쥐고, 다른 한 손으로만 완벽한 포니테일을 만들어내는 것이다!

무엇이든 처음이 가장 어렵다.

나는 그리스도를 모르는 부부가 어떻게 결혼생활에 성공할 수 있는지 궁금하다. 두 사람이 하나님을 구하지 않으면서 어떻게 함께 사는 것이 가능한지 모르겠다.

나는 함께 기도하지 않는 것이야말로 원수 사탄의 올무라고 믿는다. 사탄이 가장 원하는 것은 그 누구도 하나님을 구하지 않는 상황일 것이다. 개인의 추구도 방해하지만, 배우자와 함께하는 추구라면 더더욱 방해하려 들 것이다. 우리의 결혼생활을 파괴하고 서로를 향한 사랑을 소멸시키고 가정까지 무너뜨리는 데 있어서 이보다 더 나은 방법이 있을까?

어디라도 좋으니 장소를 선택하고 시작해보라. 예를 들어 식사를 시작하기 전에 이렇게 말해보라. "먼저 같이 기도하면 좋겠어요." 음식을 주신 하나님께 감사하고 하나님을 더 잘 알게 해 달라고 구하라. "아멘!" 그렇게 간단하게 시도해 보라! 혹은 당신과 당신의 배우자가 아침에 일어나 각자의 일상으로 흩어지기 전에 에이미의 제안대로 한번 해 보라. 함께 손을 잡고 이렇게 기도하는 것이다. "하나님, 오늘 내 아내(남편)의 하루에 은총을 내려주십시오. 우리를 당신에게로, 그리고 서로에게로 가까이 가게 하여 주십시오." 어디에서 시작하든 중요하지 않다. 정말 중요한 것은 **시작이다.**

기도할 때 말문이 막히고 어색함을 느끼는 사람들도 있는데, 하나님께 말하고 싶은 것들을 목록으로 정리해두는 것도 좋다. 그 목록을 간직하고 있다가 다른 것이 또 생각나면 목록에 추가

하라. 우리는 자녀들(현재나 미래), 해야 할 결정, 재정상태 혹은 다른 사람들(질병, 가정문제, 직업 등)을 위한 기도를 할 수 있다. 지하철을 기다릴 때 혹은 등·하굣길에 카풀carpool로 아이들을 태울 때 잠깐 짬이 나면 기도 목록에 있는 두세 가지 내용을 가지고 하나님께 기도해 보라. 각각의 제목과 관련해서 당신이 힘든 부분을 말하고, 그것에 대해 당신이 무엇을 해야 할지 하나님께 질문하라. 그리고 하나님이 그분의 방법대로 개입해주시기를 간구하라.

다른 사람이 당신을 위해 기도해주었으면 하는 제목이 있다면, 가서 **부탁하라.** 이상할 것도 없고 부담을 지워줄 필요도 없다. 그저 잠깐 시간이 날 때 문자나 이메일로 당신에게 기도를 보내달라고 부탁하면 된다. 간단한 일이다. (결혼한 사람이라면 배우자에게 부탁해보라.)

부부들은 아이들이 모두 잠든 후에 그리고 당신이 잠자리에 들기 전에, 혹은 아침에 아이들이 일어나기 전에 배우자와 함께 기도 목록 중 몇 가지를 놓고 함께 기도해보라. 목록을 항상 가지고 다니면, 새로운 기도습관을 들이는 데 큰 방해가 되는 어색한 침묵을 쉽게 없앨 수 있다.

또한 시간이 전혀 들지 않는 약간의 노력만으로 격려 기도의 전문가가 될 수 있다. 나는 에이미로부터 얼마나 많은 문자 메시지를 받는지 모른다. 예를 들면 "하나님이 오늘 당신에게 평강을 주시길 기도해요. 사랑해요!"와 같은 내용으로 말이다. 우리는 그런 작은 일들을 통해 더 깊은 영적 친밀감을 갖게 되었다. 이 때문에 나는 부부가 함께 기도하는 것이 핵심 습관이라고 굳게 믿고 있다.

내 논리는 이렇다. 부부가 정기적으로 함께 기도한다면, 아마도 교회를 함께 갈 확률이 높아진다. 교회를 정기적으로 함께 간다면 아마도 교회에서 함께 봉사에 참여하게 될 것이다. 함께 봉사를 하면 교회에서 좀 더 마음이 맞는 사람들을 만나게 될 것이다. 교회에서 많은 사람들을 만나면, 교회 바깥에서도 그들과 함께 시간을 보내기 시작할 것이다. 그러면 당신은 그들을 위해 기도하고 그들도 당신을 위해 기도하게 될 것이다.

다른 사람들을 위해 기도하고 그들도 당신을 위해 기도한다면, 차가 밀릴 때 누군가 끼어들어도 그냥 웃어넘길 수 있을지 모른다. (심지어 그들을 **용서**하고 그들을 위해 기도하게 될 수도 있다!) 내가 하고 싶은 말은 당신이 함께 기도하는 긍정적인 핵심 습관을 갖게 되면 결혼과 다른 관계를 건강하게 세우는 영적인 힘도 얻게 될 것이라는 사실이다.

지금 이후로

이미 나는 함께 기도해야 할 수많은 이유를 이야기했다. 또 한 가지 유익이 있다면, 기도에 응답하시는 하나님을 경험하게 됐을 때 이를 통해 믿음이 성장한다는 것이다. 하지만 이 모든 '영적인' 이유들이 당신에게 잘 와 닿지 않는다면, 몇 가지 다른 실질적인 이유들을 생각해보자.

정기적으로 함께 기도하는 사람과는 잘 싸우지 않게 된다. 아이가 암에 걸렸다는 친구를 위해 몇 시간 전 배우자와 함께 기도를 하고나서, "당신은 정말 한심해요! 도저히 못 참겠어! 늘 자기만 생각하잖아요!"라는 식으로 퍼부을 수는 없는 것이다. 또한 변함없이 영적인 친밀감을 추구하면서, 인터넷에서 포르노 광고 배너를 클릭하거나 동료직원이 던진 추파에 넘어가 '정서적 외도'에 빠지는 일은 없을 것이다. 모든 것에 변화가 찾아온다. **당신도** 변한다. 당신은 하나님과 그분이 원하시는 것을 실제로 알아가기 시작한다. 당신은 삶으로 그분을 예배하기 시작한다. 다른 수많은 결혼들(50퍼센트 이상의 결혼들)을 걸려 넘어지게 하는 덫이 불쑥 나타날 때 당신은 즉각 알아차리고 이를 제거한다.

자, 이제 마지막으로 한번 생각해보자. 함께 하나님을 구하는 배우자와의 이혼을 생각할 수 있을까? '당장 이혼하라'는 것이 당신을 향한 하나님의 계획일 확률은 어느 정도일까? 아마 그럴 일은 없을 것 같다.

나의 제안이 부담스럽게 느껴지는 사람도 있을 것이다. 당신은 어쩌면 그냥 되는 대로 할 수도 있다. 실패 확률은 최소 50퍼센트다. 만약 결혼생활을 유지한다 해도, "아이들 때문에 산다"고 말할 가능성도 꽤 높다. 평생을 참으면서 말이다. 그것이 당신이 원하는 삶이라면 당신 뜻대로 해도 좋다. 결정은 당신이 하는 것이니까.

나로 말할 것 같으면, 그런 확률을 좋아하지 않는다. 그냥 영적인 일에 미쳐 있는 것이 낫다. 차라리 다른 사람들이 우리 가족을 향해 어리석고 괴상하다고 생각하도록 놔두는 편이 낫다. 그들은 어차피 마음대로 생각할 것이다. 그러는 사이에 우리는 깊고 풍성하고 열정적인 결혼생활과 가정을 누릴 것이다. 아내와 나는 이것에 동의한다. 우리는 함께 하나님을 향해 외치고 싶다. "하나님 우리를 도와주세요! 제발 우리를 도와주세요! 우리는 당신이 매일의 삶에 간섭하시기를 원합니다. 매일, 하루 종일 우리는 함께 당신께 나아와 대화하고 싶습니다."

몇 년 전에 패밀리 라이프Family Life라는 단체가 수천 명의 그리스도인 부부를 대상으로 설문 조사를 했다. 슬프게도, 정기적으로 함께 기도한다고 답한 이들은 그중에서 8퍼센트 미만이었다. 다행히 그들의 연구에는 긍정적인 측면도 있었다. 함께 기도한다는 8퍼센트 중 이혼한 부부는 1퍼센트 미만이었던 것이다.

이 결과는 무엇을 의미할까? 원한다면 당신도 가서 다른 사람들처럼 살라. 다른 사람들이 하는 일을 하라. 같이 기도할 필요도 없다. 그러면 결혼생활에 성공할 확률은 50대 50이 될 것이다. 만약 그걸 원하지 않는다면 다른 길을 택하라. 8퍼센트의 부부처럼 살라. 정기적으로 함께 기도하라. 그리고 성공 확률을 99퍼센트까지 높이라.

선택은 당신의 것이다.

〈마태복음〉 6장 33절은 "너희는 먼저 그의[하나님의] 나라와 그의 의를 구하라 그리하면 이 모든 것을 너희에게 더하시리라"고 가르친다.

우리는 하나님을 가장 먼저 구해야 한다. "하나님, 우리를 도와주십시오!" 아마 당신은 그렇게 해 본 적이 없을지도 모른다. 그렇다면 지금부터 시작하면 된다.

그 말은 우리가 기도의 사람이 되어야 한다는 뜻이다. 기도하는 방법을 모르는가? 괜찮다. '지금 이후로' 하면 된다.

우리는 하나님을 중심으로 한 모든 관계들에 집중하면서 기도와 말씀을 통해 그분을 구해야 한다. 그동안은 관계가 서먹했을지 모른다. 혹은 서로에게 그다지 호감을 갖고 있지 않았을지 모른다. 언제나 가장 어려운 것은 시작하는 지점이다. 핑계거리를 만들지 말라. 하나님 앞에서 '지금 이후로' 시작하라.

나는 지금 당신에게 기도해볼 것을 권한다. 홀로 기도하고 배우자와 함께 기도하라. 원한다면 큰 소리로 기도하라. 아래의 기도문은 훌륭한 내용이어서가 아니라 시작에 도움을 주기 위해 제시한 것이다.

필요한 곳에 자신의 말을 넣어 기도해보라.

아버지, 나를 사랑하심에 감사드립니다. 나를 당신의 자녀로 택하신 것을 감사드립니다. 내 마음을 다하고 목숨을 다하고 뜻을 다하고 힘을 다하여 하나님을 사랑하도록 도와주십시오. 당신을 나의 첫 번째 짝으로 받아들이는 방법을 가르쳐주십시오. 나는 당신을 가장 먼저 구할 것입니다. 당신을 구하는 습관을 시작하고 지킬 수 있도록 도와주십시오. 당신께로 가는 법을 날마다 새롭게 다시 기억나게 해주십시오.

아버지, 내게 두 번째 짝을 허락하심을 감사합니다. 우리가 당신께로, 그리고 서로에게로 더 가까이 다가갈 수 있도록 이끌어주십시오. 내 마음과 내 생각을 바꾸시어 당신이 원하는 사람으로 빚어주십시오. 남편(아내)을 위한 최고의 배우자가 되게 해주십시오. 배우자의 눈에서 '티'를 볼 때마다 곧 내 눈의 '들보'를 보게 해 주십시오. 기도하고, 당신의 얼굴을 구하고, 죄에서 돌이킬 수 있도록 겸손함을 주십시오. 내 기도를 들으시고, 내 죄를 용서하시고, 내 관계들을 치유하여 주십시오.

　나를 사랑하심에 감사드립니다. 나를 치유하심에 감사드립니다. 당신을 영화롭게 하는 삶을 살 수 있도록 허락해주신 것을 감사드립니다. 예수님의 이름으로 기도합니다. 아멘.

다음 순서는 당신이 이미 알고 있을 것이다. 가장 어려운 부분은 시작이다. 그 어려운 부분을 어서 해치우라. '시작'을 말이다. 그런 다음 함께, 매일, 지금 이후로 이 일을 계속 해 나가라.

에이미의 이야기

나(크레이그)는 교회에서 관계에 대해 강의를 할 때, 에이미가 함께하는 것이 중요하다고 생각한다. 그래서 항상 그녀의 생각과 느낌을 묻는다. 관계에 대한 내 생각이 어떠하든, 나는 여성의 관점을 포함시키고 싶다. 이 책을 준비하는 동안 나는 에이미의 느낌을 나눠달라고 부탁했다. 그것은 부부들이 다섯 가지의 결정, 즉 하나님을 구하는 것, 건설적으로 싸우는 것, 즐거움을 누리는 것, 순결함을 지키는 것, 포기하지 않는 것을 이해하는 데 중요하다. 이제 함께 하는 기도에 대한 에이미의 생각을 나누고자 한다.

***

"변화는 인생을 즐겁게 한다"는 옛말이 있다. 그것은 기도에도 적용할 수 있는 말이다. 부부가 정기적으로 함께 기도하는 것은 중요하지만, 조심해야 할 것은 이 일이 '할 일 목록'에 추가된 또 하나의 기계적 절차가 될 수도 있다는 점이다. 크레이그와 나는 결혼 전에 (물론 결혼 이후에도) 식사시간을 정기적인 기도시간으로 삼았다. 우리는 주신 음식에 감사하고, 또한 필요한 모든 기도를 드렸다. 그렇게 10분 정도 기도하고 나면, 음식은 식었지만 마음은 따뜻해졌다.

시간이 흐르면서 생활이 바뀌자 바쁜 생활이 이어졌다. 크레이그가 신학교에 다니고, 아이들이 생겨나고, 교회를 시작했던 것이다. 식사 때마다 갖던 기도시간은 더 이상 지킬 수 없게 되었다. 그래서 우리는 다른 시간대를 찾아보기로 했다. 우리는 삶에 어떤 일이 일어나든 하나님의 인도하심을 끊임없이 믿어야 한다는 것을 알고 있었다.

지금 크레이그와 나는 다양한 방법으로 거의 매일 함께 기도하고 있다. 감사하게도 이러한 접근은 우리의 기도를 새롭고 진실하게 해준다. 이것은 성경에 나오는 '중언부언'하는 기도가 아니다. 함께 기도해야 할 제목이 떠오르면, 그 시점으로부터 실제로 기도하기까지 너무 오래 걸리지 않도록 노력한다.

기술의 발전으로 우리는 과거에 존재하지 않았던 다양한 방식으로 기도를 할 수 있다. 크레이그는 교회 일로 바쁘고, 나는 가정과 이런저런 책임들 때문에 바쁘다. 하지만 언제나 그에게 문자나 이메일을 보낼 수 있다. "○○○를 위해서 나와 같이 기도해줄 수 있나요?" 그러면 그는 그 즉시로 기도를 하거나, 잠깐 시간이 날 때 전화로 함께 기도한다.

물론 크레이그도 그렇게 한다. 그 역시 언제든 나와 자신의 기도제목을 공유한다. 중요한 결정에서 지혜가 필요할 때, 큰 모임을 앞두고 은혜가 필요할 때, 혹은 피곤하거나 아프거나 문제가 있을 때도 내게 기도를 부탁한다. 지속적인 연결 상태를 유지하는 것은 우리의 관계와 사랑을 풍성하게 할 뿐 아니라 하나님 안에서 서로를 신뢰하고 그분을 사랑하는 일에 집중하게 해준다.

함께 기도할 때 가장 어려운 점은 무엇일까? 그것은 바로 시작이다! 당신은 하나님과의 관계에 무게를 두기로 결정해야 한다. 그저 아버지와 대화하듯 그렇게 기도를 시작하면 된다. 무엇을 느끼는지, 무엇이 필요한지, 무엇을 원하는지 그분께 말씀드리는 것이다. 그분이 하신 일들에 대해 감사를 표현하고, 그분을 끊임없이 신뢰하고 사랑하도록 마음을 훈련하는 것이다. 많은 사람들은 필요 이상으로 기도를 복잡하게 생각한다. 하나님은 기도가 우리를 위협하는 것이 되기를 원치 않으신다. 그분은 우리를 너무 사랑하셔서 그분의 뜻대로 우리를 자녀 삼으셨다. 이미 우리를 사랑하고 계신 아버지와 대화의 문을 열고 우리에게 중요한 모든 일들에 대해 이야기하면 된다.

복잡할 것 없다. 자연스럽고 정직하게 말하라. 출근하기 전 손을 붙들고 소리를 내어 다음과 같이 기도해보라.

"아버지, 우리에게 새로운 하루를 주셔서 감사합니다. 오늘 우리에게 허락하신 모든 기회들을 붙들게 해주십시오."

기도할 때 무엇인가 격식 있고 화려한 말을 써야 한다는 생각을 버리라.

어떤 구체적인 것에 대해 함께 기도하기를 원할 때는 그 내용을 적어보면서 생각을 정리하는 것이 좋다. 글로 쓴 기도제목을 배우자와 함께 나눈다면 더 깊은 관계로 나아갈 수 있다.

나에게 있어서 함께 기도한다는 것은 크레이그가 앞서 언급했던 '치실질' 습관과는 약간 다를지도 모른다. 왜냐하면 치실질은 하루에 한 번 정도만 하기 때문이다. 나와 크레이그에게 기도는 호흡에 가깝다. 그것은 영감이나 필요가 우리를 찾아올 때마다 내쉬는 짧은 날숨이다. 함께 기도하는 것도 이와 같다. 크레이그와 관련한 어떤 필요가 느껴지면 나는 즉각 그와 기도제목을 나눈다. 하루 중 몇 분이든 몇 초든, 우리는 하나님과 서로와의 대화 창구를 열어놓는다.

당신도 이렇게 **하면 된다**. 괜히 어렵게 생각할 필요 없다. 더 이

상 미루지 말라. 오늘 시작한다고 해서 잃을 것이 있는가? 당신이

얻게 될 모든 것들에 대해 생각해보라.

From
This Day
Forward

두 번째.
건설적으로 싸우라

두 번째.
건설적으로 싸우라

"행복한 결혼은 용서하기를 기뻐하는 두 사람의 결합이다."
– 루스 벨 그레이엄

신혼이었던 에이미와 나는 신실한 관계에서 나타나는 가장 근본적이고 성스러운 문제로 충돌을 빚었다. 그 문제는 바로 팬케이크였다. 그렇다. 팬케이크. 이 마찰은 우리의 결혼 역사에 기록된 장기적인 싸움들 중 첫 번째가 되었다. 하지만 자초지종을 다 듣고 나면 당신은 아마 이것이 평범한 팬케이크 싸움과는 다르다는 것을 알 수 있을 것이다.

슬픈 현실은 내 아름다운 아내가 팬케이크 장애 가정에서 자라났다는 점이다. 그녀의 가족들은 올바른 팬케이크 조리법을 배운 적이 없는 사람들이다. 당신이 팬케이크의 영적 은사가 있는 훌륭한 부모님 아래서 성장했다면 아마 내 말을 이해할 것이다.

반죽을 비교적 질게 만들고 그리들^{griddle} 온도를 높게 맞춘 후 먼저 버터를 올려 지글지글 녹인다. 그런 다음 반죽을 네 개로 나눠 붓는데, 지름을 약 10센티미터 정도로 잡고 각각 최대한 완벽한 원 모양이 되게 한다. 그리들이 적정 온도에 달하면 팬케이크 위에 기포가 올라온다. 몇 초쯤 그대로 두었다가 감이 오면 정확한 시점에 재빨리 뒤집는다. 몇 초쯤 더 지나 노릇노릇 잘 구워진 완벽한 모양의 팬케이크를 재빨리 접시에 옮겨 담는다. 그리고 뜨거워서 김이 모락모락 올라올 때 팬케이크 사이사이에, 그리고 맨 위에 자연스럽게 버터를 바른다. 그런 다음 차곡차곡 쌓인 팬케이크들 위에 시럽을 듬뿍 붓는다. (인터넷을 찾아보면 완벽한 팬케이크 모양이 어떤 것인지 쉽게 검색할 수 있다.) 자, 천국에서 매일 아침 제공될 음식을 잠깐 맛보는 특혜를 감사하며 이제 식기 전에 맛있게 먹으면 된다. 이것이야말로 하나님이 창조하신 본연의 팬케이크다.

결혼한 지 얼마 되지 않은 어느 날 아침, 에이미는 (하나님은 그녀를 사랑하신다) 맛없어 보이는 질척한 반죽을 휘젓다가, 낮은 온도로 가열한 그리들 위에 반죽을 아메바 모양으로 몇 군데 툭 떨어뜨렸다. 버터도 없고, 지글지글 익는 소리도 없고, 기포도 없었다. 그녀가 '팬케이크'(그녀가 실수로 그렇게 불렀다)를 뒤집을 시점을 어떻게 결정하게 된 건지 나로서는 알 길이 없었다. 내 짧은 소견으로 볼 때, 그 반죽은 아직 덜 익은 상태였던 것이다.

그녀는 접시에 그것들을 올려놓은 다음, 소위 '건강에 좋은' 묽은 액체를 그 위에 부었다. 그러고는 내 앞으로 그 접시를 밀었다. 보통의 경우 나는 건강식을 찬성하지만, 팬케이크는 그런 '보통의' 경우에 들어가서는 결코 안 되는 음식이다. 제대로 하지 않을 거면 아예 하지 말아야 한다!

에이미가 그 미적지근한 그리들에 반죽을 더 부을 때, 나는 내 앞에 있는 그 접시를 치웠다. 그녀는 갑자기 뒤돌아서서 나를 빤히 보더니 한쪽 눈썹을 추켜세우고 언짢은 표정을 지었다.

"왜 그래요?" 그녀가 물었다.

"당신이 제대로 하는 것 같지 않아요." 나는 내 생각을 전달했다.

그녀는 좀 놀란 것처럼 보였다. "음…… 나는 제대로 하고 있어요."

"아니, 그렇지 않아요!" 나는 완강히 주장했다.

그녀의 얼굴빛은 나에 대한 실망감을 분명하게 나타내고 있었다. 하지만 좀 더 확실히 자기 뜻을 말하기 위해 이렇게 덧붙였다.

"나는, 제대로, 하고 있다구요."

나는 그녀 쪽으로 가서 뒤집개에 손을 뻗었다. "나한테 줘 봐요. 어떻게 하는 건지 보여줄 테니까."

그녀는 미식축구 수비수처럼 내 쪽으로 어깨를 돌리면서 몸을 움츠렸다. 그러고는 내 손이 닿지 않도록 뒤집개를 자기 쪽으로 홱 당겼다. "싫어요! 난 비키지 않을 거예요!"

내가 말했다. "여보, 내 얘기 좀 들어봐요. 이건 나한테 중요한 문제라고요." 나는 그녀에게 다가섰다. 그녀는 어깨를 올려 내 가슴을 쿡 찌르더니 후방으로 몸을 써서 나를 막으며 톡 쏘듯 말했다. "싫어요! **그건 나한테** 중요한 문제예요!"

물론 나는 지금 그때보다 훨씬 더 경건한 사람이 되었다. 하지만 당시에는 그다지 덕스럽지 못한 말을 하며 그녀에게로 다시 돌진했다. 이번에 그녀는 마치 무기처럼 뒤집개를 내게로 겨누고 그 치명적인 팬케이크 덩어리를 내게 던지며 소리쳤다. "내 부엌에서 나가요!"

내가 어떻게 반응했는지 궁금한가? 천재성을 발휘해서 성인답게 되받아쳤다. "아니, 당신이 내 집에서 나가요!"

이것이 바로 건설적으로 싸우는 방법을 배우게 된 그 시작점이었다.

새는 곳을 막으라

어떻게 그처럼 하찮은 일이 큰 싸움으로 번진 것일까? 하지만 그런 일은 항상 우리들 모두의 관계 속에서 흔히 일어난다. 아마 당신도 분명히 최근에 말도 안 되는 문제로 싸운 적이 있을 것이다. 오늘 아무 일 없이 무사히 지나왔다 해도 아직 긴장을 늦추지 말라. 오늘 밤 침대로 가기 전까지는 아직 하루가 끝나지 않았으니까!

성경은 부부가 일치하기 어렵다는 것을 명확히 한다. 〈잠언〉 27장 15절에서는 "다투기를 좋아하는 여자는, 비 오는 날 지붕에서 끊임없이 비가 새는 것과 같다"표준새번역고 말하는데, 여기서 '다투기를 좋아하는quarrelsome'이라는 단어는 '따지기 좋아하는', '전투적인', '말썽 많은', '화를 잘 내는', '성미가 까다로운', '신경질적인'이라는 뜻을 가지고 있다. 남편들은 잔소리하고 조종하고 지적하는 아내를 그렇게 느낀다. 아내의 끊임없는 불평은 당신의 영혼을 점점 잠식해간다.

흔히 인용되지는 않지만 다투기를 좋아하는 남편에 대한 구절도 있는데, 아마 독자들은 잘 모를 것이다. "얼간이 같은 남편과 사는 것보다 심한 치질에 걸린 상태로 사는 것이 낫다." 크레이그 후서 4장 2절 새개정여성판이다! 전에 들어본 적이 없다고 의아해 할 필요 없다. 내가 지어낸 것이니까! 하지만 그럴듯하지 않은가? 남편들에 대한 구절들도 수없이 많다.

사실 모든 부부는 싸움을 한다. 왜일까? 짧게 답하면 우리 모두가 죄인이기 때문이고 우리의 죄성이 이기적으로 행동하도록 만들기 때문이다. 깊은 친밀감이 있는 모든 관계 안에는 싸움이 내재해 있으며 우리는 그것을 피할 수 없다. 모든 부부는 싸움을 하지만, 건강한 부부는 건설적인 싸움을 한다. 부부가 건강하지 못하면 싸움은 진흙탕이 된다. 비겁한 잽을 날리고, 뒤통수를 치고, 분에 차서 비방하며, 극심한 원한을 품는 것이다. 건강한 부부는 문제를 해결하기 위해 싸우고, 건강하지 못한 부부는 상대를 제압하려고 싸운다.

결혼전문가이자 연구자인 존 가트맨John Gottman 교수는 16년간 쌓아온 정보를 바탕으로 부부들이 싸우는 방법에 대한 흥미로운 책을 펴냈다. 가트맨은 언쟁을 벌이는 부부를 5분만 관찰해 보면 이혼 가능성을 91퍼센트의 정확도로 측정할 수 있다고 주장했다. 그의 연구는 (모든 부부가 싸우기 때문에) 싸움의 유무가 아닌 싸움의 방법에 따라 관계의 성공과 실패가 나뉜다는 것을 설득력 있게 논증한다. 건강한 부부는 서로를 존중하면서 싸우고, 두 사람 다 동의할 수 있는 해결책을 찾기 위해 애쓴다.

당신이 그리스도의 제자라면, 모든 관계에서 건설적인 싸움을 해야 한다. 〈야고보서〉는 다음과 같이 기록한다. "사람마다 듣기는 속히 하고 말하기는 더디 하며 성내기도 더디 하라 사람이 성내는 것이 하나님의 의를 이루지 못함이라"(약 1:19~20). 하나님의 성령으로부터 오는 이러한 영감은 우리가 진흙탕 싸움 없이 건설적으로 싸울 수 있는 방법을 세 가지로 제시한다.

(1) 듣기를 속히 하라

싸움은 한번 시작되고 나면 급속도로 악화되는 경향이 있다. 쉽지는 않겠지만 당신이 먼저 상황을 진정시키도록 노력해보라. 배우자가 했던 말로 다투고 싶은 기분이 들 때, "듣기는 속히 하라"는 말씀을 마음에 새겨보라.

상대방이 언짢은 것을 감지하고 나면, 그때부터 그가 하고 싶어 하는 말이 무엇인지 집중해야 한다. 가능하다면 말투는 개의치 말고 그의 말을 들으려고 해보라.

솔직히 이것은 나에게 매우 어려운 일이다. 대체로 나는 성향상 한 번에 많은 일을 처리하는 사람이라 한 가지에만 집중하기란 쉽지 않다. 언젠가 내가 다른 사역자에게 문자메시지를 보내고 있을 때 에이미가 들어와서 말했다. "중요한 할 말이 있어요."

나는 생각했다. '크레이그, 이제 전화기 내려놓고 그녀가 하는 말을 들어야지.' 하지만 내 안에 있는 거만한 목소리가 곧 쏘아붙였다. '꼭 그럴 필요가 있을까? 넌 한 번에 두 가지 일을 할 수 있잖아!'

슬프게도, 나 같은 사람은 한두 번의 실수로 깨달음을 얻지는 못하는 것 같다. 에이미가 말을 하고 있는 그 순간에 나는 계속 문자를 주고받고 있었던 것이다. (아내의 이야기는 내가 정말 알아야 할 중요한 내용이었다.)

몇 분이 지난 후, 그녀는 말을 멈추고는 "여보, 내 말 지금 듣고 있는 거예요?"라고 물었다.

나는 고개를 들지도 않은 채 대답했다. "그럼, 듣고 있지요."

그녀는 조금 더 이야기를 하다가 다시 멈추었다. "**정말** 듣고 있는 거 맞아요?"

하지만 문자는 계속되었다. "응, 그렇다고 했잖아요."

그녀는 한동안 말을 계속 하다가 결국 이렇게 말했다. "이제 당신 생각을 좀 말해 봐요. 같이 결정해야 할 것들이 몇 가지 있잖아요."

나는 휴대전화를 내려놓고 그녀를 보았다. "좋아요. 무슨 이야기를 해야 하죠? 내가 결정해 줘야 한다는 게 정확히 어떤 부분인데요?"

그런 다음, 나는 또 다른 질문을 던졌다. 정말 그녀의 말을 잘 들었다면 할 필요도 없었던 질문이었다.

그녀는 나를 노려보았다. "지금 장난하는 거예요? 내 말을 **건성으로** 들었군요. 말하는 내내 관심도 없었던 거잖아요. 대체 나를 뭘로 생각하는 거예요?"

그녀 말이 맞다. 내가 에이미를 어떻게 생각하든 간에, 내 행동은 그 순간에 그녀를 우선순위에 두고 있지 않았음을 분명하게 보여주는 것이었다. 다행히 잠시 후, 하나님은 내게 곤경에서 벗어날 길을 허락하셨다. 뭔가 말하려고 그녀에게 다시 갔을 때, 이번에는 **그녀가** 문자메시지를 보내고 있었다. 잠깐 이야기할 수 있냐고 묻자 그녀는 여전히 휴대전화를 보며 대답했다. "해봐요."

내가 말을 하는 동안 그녀는 별로 주의를 기울이는 것 같지 않았다. 나는 물었다. "당신 듣고 있어요?"

"네."

나는 조금 기다렸지만, 그녀는 하던 일에 매우 열중하고 있었다. 그래서 이렇게 말했다. "그러니까 내가 하려던 말은, 애들이 잘 있나 밖에 나가봤더니 갑자기 집채만 한 고양이가 수풀을 헤치고 나타난 거예요. 다 같이 뛰기 시작했는데, 조이가 빨리 뛰질 못해서 고양이한테 따라잡혔어요. 미안해요, 여보. 내 잘못이에요."

"뭐, 괜찮아요." 그녀가 계속 고개를 숙인 채 말했다.

나는 말했다. "당신 지금 **건성으로** 듣고 있잖아요. 내 말에 전혀 관심 없는 거예요?"

그녀는 하던 일을 멈추고 나를 올려다보았다. "알았다고요! 미안해요." 그런 다음 그녀는 다시 휴대전화를 보면서 입꼬리를 올리고 사악한 미소를 지었다. 그런 다음 그녀가 낸 소리! "야——옹!"

우리는 듣기를 속히 해야 한다. 물론 항상 배우자의 말을 들어야 하지만, 특히 갈등이 발생할 것 같은 신호가 오면, 당장 하던 일을 멈추고 상대방이 말하려는 것에 집중해야 한다.

(2) 말하기를 더디 하라

우리는 듣기를 속히 하고 또한 입을 열어 반응하기 전에 제동을 걸어야 한다. 진흙탕 싸움을 하는 부부들은 그 반대로 행동하는 경우가 많다. 그들은 듣기를 더디 하고 말하기를 속히 한다. "당신의 입이 움직이고 있을 때 당신의 귀는 움직이지 않는다"라는 속담이 있다. 성경에도 이와 비슷한 구절이 있다. "미련한 자는 명철을 기뻐하지 아니하고 자기의 의사를 드러내기만 기뻐하느니라"(잠 18:2). 다시 말하면, 미련한 자는 이렇게 말한다는 것이다. "나는 **당신이** 무슨 말을 해도 별로 관심 없어요. 그런데 **내** 생각을 좀 들어보세요."

싸움의 양상은 대체로 이와 같다. 우리의 생각은 의미가 있고, 우리의 입장은 상대방이 이해해야 할 매우 중요한 것이다. 우리는 흔히 초점이 자신에게 다시 돌아오면 곧장 듣기를 멈춘다. 그리고 상대방이 숨을 고르기를 기다려주지 않고 가로막아 버린다. 우리가 듣기를 멈춘다면 그들의 입장을 이해할 수 없다. 우리는 말하기를 원하고, 주장을 입증해내기를 원한다. 우리는 '이기는 것'을 원한다. 성경은 그것이 어리석은 일이라고 말한다. 그리고 그것은 건설적인 싸움이 아니다.

'말하기를 더디' 할 수 있는 최선의 방법은 무엇일까? 말하기를 멈추는 것이다. 혹은 〈잠언〉 21장 23절의 말씀처럼, 자기 영혼을 환란에서 보전하기 위해 입과 혀를 지켜야 한다. 훌륭한 구절이 아닌가? 하지만 한창 싸우는 중에 배우자에게 이 구절을 인용해서는 안 된다. 마음을 가라앉히고 말하기 전에 생각하라는 것은 흔한 충고 같지만 실천하기는 매우 어렵다. 그럼에도 불구하고 그것은 놀랄 만한 결론을 가져올 것이다.

싸움이 일어날 것 같다면, **무언가를** 말하기 전에 제어하고 입을 단속하라. 그런 다음 아래의 두 가지 질문을 스스로 던져보라.

1. 내 생각을 말해야 하는가?
2. 내 생각을 지금 말해야 하는가?

예를 들어보자. 당신은 지금 공항으로 가려고 문을 나서기 직전이다. 그런데 배우자가 이렇게 말한다. "아! 떠나기 전에 설거지를 좀 하고 싶어요."

아마 당신은 이런 생각이 들 것이다. '왜 지금 설거지를 하려고 하지? 그러면 공항에 늦을 텐데!'

대신 이렇게 질문해보라. '내 생각을 말해야 하는가?'

그것은 어쩌면 전혀 말할 필요가 없는 것일지 모른다. 당신은 **정말** 공항에 늦게 될까? 같이 설거지를 해서 얼른 끝내면, 제시간에 도착할 수 있지 않을까? 그럴 수 있다면, 작은 호의로 당신과 배우자 모두가 만족할 수 있다는 사실을 생각하라. 하지만 그렇지 않다면, 스스로 질문해보라. '내 생각을 **지금** 말해야 하는가?'

그리고 말해야겠다는 판단이 서면, 당신의 생각을 가장 잘 전달할 수 있는 방법을 진지하게 생각해보라. 말이란 한번 입으로 뱉고 나면 되돌릴 수 없기 때문이다. 다음과 같이 말하고 싶은 유혹을 피하라. "당신은 왜 접시를 닦으려는 거예요? 우리가 떠났을 때 도둑이라도 들면 그 도둑이 더러운 접시를 볼까봐서요?"

다음과 같은 말도 절대 조심하라. "당신 정신적으로 무슨 문제 있어요?"

(나는 원래 그런 사람이 아니지만 딱 한번 그런 말을 한 적이 있다. 하지만 충분히 잘못을 뉘우쳤고 다시는 그러지 않을 것이다.)

말을 꺼내서 함께 해결해야 할 타당한 문제점들이 있다 해도, 싸우는 중에 그것들을 연달아 언급하는 것은 별로 현명한 일이 아니다. 대신, 당면한 문제에 초점을 두라. 건설적인 싸움을 하고 화제를 돌리지 말라. 그 한 가지 문제 해결에 집중하라.

(3) 성내기를 더디 하라

우리가 듣기를 속히 하고 말하기를 더디 한다면 분노를 누그러뜨리기가 훨씬 수월해진다. 싸움이 시작되는 그 순간부터 감정이 끼어들게 되어 있다. 감정은 쉽게 다친다. 하지만 화가 나기 시작하면 그것을 좋은 기회로 받아들이려고 노력해보라.

당신은 아마 이런 생각이 들 것이다. '방금 뭐라는 거야?'

그런 감정은 우리가 분노하는 것이 정확히 어떤 지점인지 말해준다. 말을 오래도록 멈추고 '이 문제가 왜 나에게 이토록 거슬릴까?'라는 질문을 던질 수 있다면 그것은 엄청난 발전이다. 그것은 관계의 약점을 가리키는 커다란 네온사인 화살표와 같다. 성령의 인도하심을 받아야 할 바로 그 부분 말이다. 그것을 선물로 받아들인다면 해결책을 찾아나갈 수 있을 것이다. 또한 긴 결혼생활에 있어서 큰 회복의 기회가 될 수 있다.

우리는 상대방과 의견이 일치하지 않는다 해도 그들의 감정을 인정해주어야 한다. 그것을 중요하게 여겨야 한다. 다시 한 번 말하지만, 상대방과 의견이 일치하지 않는다 해도 그들의 감정을 인정해주어야 한다. 배우자가 "가끔 당신이 (   )할 때, 나는 기분이 (   )해져요"라고 말했다고 가정해보자.

왜 상대방이 그런 느낌을 받았는지 이해가 안 되는 경우도 있지만, 그렇다고 해서 그런 감정에 근거가 없는 것은 아니다. 감정들은 실재한다. 우리는 모두 감정을 가지고 있다. 누군가가 감정을 가지고 있다고 해서 그 사람에게 화를 내는 것은 쓸데없는 일이다. 당신이 감정을 제어할 수 없는 순간이 있듯이 상대방도 마찬가지다. 대신, 당신이 정말 경청하고 있다면(경청해야 한다는 것을 잊지 말라) 그들의 느낌을 말했을 때 그것을 존중해주라. 그들의 말을 당신의 말로 한 번 더 반복함으로써, 당신이 그들의 말을 잘 들었고 그들의 감정을 이해한다는 것을 알려주어야 한다. 이렇게 말해보라. "그러니까 당신 말은, 내가 (   )할 때 당신 기분이 (   )해진다는 뜻이죠?"

어떻게 그런 간단한 설명으로 감정의 시한폭탄이 해체될 수 있는지 일단 한번 보고 나면 아마 당신도 놀랄 것이다. 상대가 말하는 것에 꼭 동의할 필요는 없다. 다만 당신이 듣고 있고 이해하려고 애쓰고 있다는 것만 알려주면 된다. 사실 가야 할 길이 멀다.

"내가 양말을 거실에 그냥 벗어뒀을 때 집안일을 존중하지 않는 것처럼 느꼈군요."

"내가 좀 늦게 들어갈 거라고 미리 전화를 주지 않아서 당신의 시간을 신경 쓰지 않는다고 생각했군요."

성내기를 더디 하는 가장 좋은 방법은 두 사람이 갈등하고 있지 않을 때 정기적으로 솔직한 대화를 나누는 것이다. 20년 넘게 결혼생활을 한 사람으로서 나는 이 습관에 얼마나 놀라운 힘이 있는지 자신 있게 말할 수 있다. 사실 이것은 내가 줄 수 있는 가장 실제적인 조언이다. 서로 갈등을 빚지 않는 시기에 결혼생활을 위한 노력이 필요하다. 에이미와 나는 이것을 '결혼 진단marriage

checkups'이라 부른다. 이러한 관계의 진단은 다음 세 가지의 간단
한 부분으로 구성된다.

1) 시간 할애하기

아이들이 저녁을 먹고 목욕을 하고 잠자리에 든 이후 두 사람
의 저녁 시간에 대해 계획을 세워보라. 평소보다 아이들을 조금
더 일찍 재워도 좋다. 하지만 많은 시간이 필요한 것은 아니다. 한
시간을 보내도 좋은 대화를 나누기에는 충분하다. 아이들에게 각
자 좋아하는 인형을 안겨주고 이야기를 들려주고 물을 마시게 하
고 기도와 포옹을 해주고 나면, 이제 두 사람만의 시간을 보낼
수 있다.

문을 닫고 약간의 독립된 환경을 만들라. 꼭 깊은 대화를 나눌
필요는 없다. 꼭 부부관계를 하지 않아도 좋다(하지만 가능하다
면 그렇게 하는 것도 좋다!). 단지 다른 방해거리 없이 서로의 말
을 경청하고 서로에게 집중하면 된다.

2) 배우자에게 감사 표현하기

"내가 당신을 기쁘게 했던 일들 세 가지만 말해볼 수 있어요?"
라는 질문에 서로 답하는 시간을 잠시 가져보라. 이에 답하면서,

두 사람의 시간을 위한 긍정적인 힘을 함께 만들어낼 수 있다. 또한 이것은 부부관계에서 당신으로 인해 생긴 변화에 대해 배우자가 직접 말할 수 있는 기회를 제공하는 것이다. 이런 시간이 필요한 이유는, 배우자가 좋아할 것이라는 짐작으로 했던 일들과 실제 배우자가 필요로 하는 일들이 종종 다르기 때문이다.

예를 들어 그녀는 내가 해줄 수 있는 가장 낭만적인 일이 무엇인지 말한 적이 있다. 그녀가 자기 전에 잠깐의 자유시간을 가질 수 있도록, 내가 아이들을 씻기고 재우는 일이라고 했다. 에이미는 아이들을 너무나 사랑하기 때문에 아이들과 함께하는 모든 시간을 소중히 여기는 엄마다. 그래서 나로서는 그런 일을 고마워할 거라고는 짐작하지 못했었다. 하지만 이제 아내의 마음을 충분히 알고, 그 일을 할 때 **나 스스로가** 행복을 느낀다.

3) 실제적인 피드백 주고받기

이제 다음 질문에 한번 답해 보라. "내가 당신을 더 기쁘게 할 만한 일들 세 가지만 말해볼 수 있어요?" 이미 긍정적인 변화를 시작했고 사랑이 있는 안전한 자리를 위해 이 시간을 떼어놓았기 때문에, 이러한 질문과 답을 통해 더 나은 결혼생활로 나아갈 준비가 된 것이다. 남은 평생 행복하게 살기를 진심으로 원한다면,

그것은 두 사람 모두가 가끔 양보를 해야 한다는 의미다. 이는 서로의 피드백을 깊이 생각해볼 수 있는 좋은 시간이다. 예를 들면, "솔직히 말해서 당신이 (   )할 때 내 기분이 (   )해져요" 혹은 "당신이 (   )하지 않을 때 내 기분이 (   )해져요"와 같은 말들이다.

이처럼 편안한 환경을 조성하면 좋은 정보를 최선의 방법으로 얻게 된다. 그런 환경에서는 두 사람 모두가 배우자가 한 말에 대해 정직하게 생각해볼 수 있고, 또한 배우자에 대한 사랑의 성숙을 실제로 어떻게 가장 잘 보여줄 수 있을지 충분히 생각해볼 수 있다.

파이트 클럽

지금까지 내가 제안한 모든 것들을 시도해봤다 해도, 분명히 가끔은 싸우는 날이 있을 것이다. 어떻게 아느냐고? 싸우지 않는 사람은 없기 때문이다. 이것만 기억하라. 건강하지 못한 부부는 이기기 위해서 진흙탕 싸움을 한다. 건강한 부부는 해결책을 얻기 위해 건설적인 싸움을 한다. 당신이 이미 결혼했다면, 건설적으로 싸우는 데 필요한 기본 원칙에 대해 몇 가지 생각을 나누려고 한다. 당신이 아직 결혼 전이라면 교제 중이든 약혼을 했든 아니면 짝을 기다리고 있든 상관없이, 싸움의 원칙을 실제로 사용하기 전에 생각해보고 정리할 수 있는 좋은 기회가 될 것이다.

에이미와 나는 약혼 후에 관계의 규칙을 만드는 데 함께 시간을 투자했다. 우리는 결혼을 위해 높은 기준을 정하고 싶었다. 그래서 우리는 성경에서 지혜를 얻었다. 몇몇 구절을 외웠고, 우리 가족이 추구해야 할 가치에 동의했다. (물론 이것들은 **우리의** 규칙이다. 당신은 부부로서 두 사람이 중요하게 여기는 것을 기초로 규칙을 함께 정해야 한다.)

(1) **모욕적인 별명을 쓰지 않는다.** 애칭으로 부르는 것이 아니라면 말이다. 애칭이 있다면 애정 어린 마음으로만 부르게 하라. 한창 싸우고 있을 때 빈정대면서 별명을 사용하지 않도록 하라.

(2) **언성을 높이지 않는다.** 언성을 높여서 좋을 것은 하나도 없다. 목소리가 커질 것 같은 기분이 들면 잠깐 멈추고 시간을 가지라. 열까지 (혹은 열넷까지) 세면서 몇 차례 심호흡을 하거나 노래를 부르거나 기도를 하라. 마음을 진정시키기 위해 할 수 있는 일을 해 보라.

(3) **과거와 비교하지 않는다.** "15년 전에 우리가 데이트를 할 때는……"과 같은 말을 쓰지 말라. 사랑은 원한을 품지 않는다(고전 13:5, 표준새번역). 관계에 득점표가 끼어들어서는 안 된다.

⑷ **'절대로' 혹은 '항상'과 같은 극단적인 말을 사용하지 않는다.**
"당신은 양말을 절대로 안 치우는 사람이잖아요!"라는 말은 과장법이다. 만약 배우자가 양말을 단 한 번이라도 치운 적이 있다면, **절대로**라는 말은 거짓이 된다. 진실에 충실하라. "내 **생각**에는 당신이 **좀 많이** (   )하는 것 같아요. 그러면 내 **기분**이 (   )해져요." 이는 정직할 뿐 아니라 상대방에 대한 비난이나 과장 없이 당신의 감정을 전달할 수 있는 표현이다.

⑸ **이혼으로 협박하지 말라.** 당신이 절대 포기하지 않기로 했다면, 이혼 협박은 이번 싸움을 어떻게든 이겨보려는 교묘한 전술이거나 그렇지 않으면 상대방을 그저 괴롭히는 것이다. 어느 쪽이든 협박에서 선한 것이 나올 리 없다. 그리고 특히 분노가 끓는 상태에서 나온 말이라면 더욱 그렇다. 협박하지 말라.

⑹ **싸우면서 목사의 말을 인용하지 말라.** 설교자들은 좀 빼주길 바란다. "크레이그 목사님이 그러셨는데……!"와 같은 말은 하지 말라. 당신이 시작한 일이니 당신이 해결해야 한다. 이것은 당신의 문제다. 그 문제가 시작될 때 나는 거기에 있지도 않았다. (나는 아마 집에서 팬케이크를 만들고 있었을 것이다.) 그러니 나는 제발 빼주길 바란다.

분노 조절

우리는 성내기를 더디 해야 하지만, 그렇다고 해서 화가 아예 안 나는 것은 아니다. 잘 생각해보면 전혀 그 반대다. 당신은 화가 날 것이다. 하지만 화를 내더라도 속도를 조절해야 한다. 이것은 하나님을 기쁘시게 하는 방법으로 하나님의 인도 가운데 분노를 다룬다는 의미다.

때로 어떤 것들에 대해서는 내려놓는 법을 배워야 한다. 행복한 결혼생활을 하기 원한다면, 실제적인 관점으로 상황들을 보고 "음, 이건 별로 싸울 가치가 없어"라고 말할 수 있어야 한다.

에이미는 여성들을 상담하면서 많은 경우에 다음과 같이 조언한다. "당신은 한 남자와 결혼을 했어요. 그렇죠? 남자들은 남자들대로, 여자들은 여자들대로 각자 차이가 있죠. 그런데 그 모든 차이점이 큰 '문제'로 비화될 필요는 없어요. 남편이 당신과 똑같기를 바라나요? 두 사람이 똑같다면 한쪽은 필요 없겠죠. 때로는 내려놓아야 할 것들이 있어요."

나는 성내기를 더디 한다는 게 어렵다는 것을 잘 안다. 하지만 결혼에 대한 또 다른 성경의 가르침을 살펴보자. "분을 내어도 죄를 짓지 말며 해가 지도록 분을 품지 말고 마귀에게 틈을 주지 말라"(엡 4:26~27).

이 구절에서는 분을 품는 것을 죄로 보지는 않는 듯하다. 또한 우리가 때로 화가 난다는 것을 아예 가정하고 있다. 사실 가끔 화가 나는 것은 괜찮다. 그것은 완전히 정상이다. (당신이 기본적으로 늘 화가 나 있는 사람만 아니라면 말이다.) 그렇다면 이 구절은 왜 죄를 언급한 것일까? 분노가 죄로 이어질 수 있기 때문이다. 그것은 전적으로 당신이 분노를 어떻게 다루느냐에 달려 있다.

정말 금해야 할 일은 분을 품고 침대에 드는 것이다. 화가 났다면 잠자러 가지 말라. 서로 해결하지 못한 문제가 있다면 침대에 누워 자는 척하지 말라. 전설적인 여성 코미디언 필리스 딜러 Phyllis Diller는 이렇게 말했다. "화난 채로 잠들지 말라. 일어나서 싸워라." 그녀의 말이 맞다! 서로 대화를 나누라. 속을 다 털어놓으라. 하지만 이기기 위한 것이 아니라 두 사람 사이의 문제를 해결하기 위한 것이어야 한다.

마지막으로 이 구절에서 "마귀에게 틈을 주지 말라"는 부분을 한번 생각해보라. 그것은 무슨 뜻일까? 아마도 과장하는 말처럼 보일지 모른다. 하지만 나는 문제를 해결하지 않은 채 살아온 수많은 부부들과 오랫동안 대화를 해왔다. 그중에는 이혼을 고려할 만큼 심각한 상황에 있다고 느끼는 부부들이 많았다. 당연히, 단 한 번의 싸움으로 그렇게 된 것은 아니었다.

그들은 화가 난 채로 하루 정도를 보낸다. 그 다음날 아침에 일어나면 그 틈은 조금 더 벌어진다. 여전히 서로 그 일에 대해 아무런 언급도 하지 않고, 다음 날이면 관계는 더 멀어진다. 풀리지 않은 문제를 무시한 채 하루하루가 지나간다. 몇 년 전 어느 날, 아주 작은 문제로 시작됐던 그것은 점점 커져서 쓸데없이 복잡해진다. 문제들을 초기에 해결하지 않음으로써 결혼생활에 균열이 생기고 결국 마귀에게 틈을 주게 되는 것이다. 풀리지 않은 분 때문에 문제가 더 커지게끔 방관하지 말라.

습관 지키기

화가 난 채 침대로 가지 말라. 문제를 해결하라. 내가 이것을 강조하는 이유는 우리 부부가 과거에 그런 실수를 저질렀기 때문이다. 신혼 때 우리는 싸움을 끝내지 않은 채 하루를 마감했다. 취침 전에 서로 풀어볼 생각은 하지 않고 그저 아무렇지도 않다는 듯 잠자러 가는 체했다.

이러한 마음으로, 우리는 검투사처럼 침대로 가서 전투태세를 취했다. 그녀는 이쪽 벽을, 나는 저쪽 벽을 보고 서로 등을 맞댄 상태로 누운 것이다. 대부분의 결혼생활에서 둘 중 한 투사는 침묵을 지키고 다른 한 투사는 씩씩댄다. 우리 부부의 경우는 에이미가 침묵을 지키는 쪽이었다. 그녀는 그냥 그렇게 누워서 움직이지도 않고 숨도 쉬지 않는다. 그녀는 자신이 살아있다는 것조차 나에게 알려주고 싶지 않은 것이다.

나는 씩씩대는 유형이다. 아무 소리도 내지 않고 5분 정도는 참을 수 있지만 그 후에 벌어질 일은 우리 둘 다 알고 있다. 어느 시점에 이르면 나는 자꾸 몸을 뒤집고, 이불을 세게 잡아당기고, 끙끙 소리를 내거나 콧방귀를 뀐다. 결국 나는 화장실에 가려고 일어나버린다. (40대 중반의 남자라면 밤에 다들 그럴 것이다.) 하지만 침대로 돌아오기 전에는 반드시 변기 뚜껑을 쾅 소리가 나게 닫는다. (내가 기분이 나쁜데 그녀가 그렇게 쉽게 잠들도록 내버려둘 수는 없다.) 그런 다음 다시 씩씩대고, 숨을 훅훅 내쉬고, 이불을 잡아당기는 것이다.

이렇게 진흙탕 싸움을 할 때는 신체의 그 어떤 일부도 닿아서는 안 된다. 발이 적진으로 넘어가 실수로 스치지 않도록 주의해야 한다. 상대방이 당신의 발가락을 스친다면 즉시 밀쳐내야 한다. "오늘밤 발가락 하나도 나한테 닿지 않게 해요. 발가락이 필요하면 당신 발가락이나 가지고 놀든가!"

중요한 것은 화가 난 상태에서 죄를 지어서는 안 된다는 것이다. 우리가 성내는 것은 하나님의 의를 이루는 데 도움이 되지 않는다. 하지만 이렇게 악화되는 것을 막을 수 있는 가장 간단한 방법이 있다. 우리는 이미 지난 장에서 이것을 이야기했다. 그것은 바로 **함께 기도하는 것**이다.

그렇다. 정말 간단한 방법이다. 기도하며 하나님을 함께 구하라. 함께 기도하는 것은 어쩌면 치실질과 같은 것인지 모른다. 관계의 건강을 지키는 매일의 작은 훈련 말이다. 하루를 걸렀다면 곧 오늘 다시 시작하라. 그것을 붙들라. 함께 기도하는 부부는 건설적인 싸움을 한다.

매일 지속적으로 하나님을 함께 구한다면, 싸움이 일어나려는 순간 어떤 일이 일어날까? '잠시 후에 같이 기도해야 하는데'라는 생각이 머릿속에 떠오를 것이다. 싸우는 것과 함께 기도하는 것을 동시에 하기란 어렵다. 누군가에게 하이힐을 던지고 나서 그와 함께 기도하기란 어렵다. 아내에게 상처가 되는 비열한 말을 하고 나서 몇 시간 후 하나님 앞에 가서 하나님이 원하시는 사람이 되게 해 달라고 기도하기란 어렵다. 하나님과 친밀감을 유지하면서 동시에 쓴뿌리와 용서하지 못하는 마음을 계속 품고 있기란 어렵다.

하나님을 구하고 성령님께 귀를 기울이는 습관을 갖게 된다면, 그것은 삶의 다른 부분까지 영향을 미치게 된다. 그런 다음 해묵은 감정들이 다시 일어나 당신을 압도하는 것을 느낄 때, 죄악된

낡은 정욕에 반응하고 비겁하게 행동하고 진흙탕 싸움을 시작하기 전에 스스로를 제어할 수 있다. 정욕을 따르기보다 성령님께 **응답**하는 방법을 배우게 되는 것이다.

도움이 필요할 때

물론 나는 다른 부부들이 어떤 문제로 싸우는지 다 알지는 못한다. 공공장소에서 남편이 음식 먹는 태도 때문에 싸울 수도 있고, 아내가 자동차에 쓰레기를 놓고 내리는 문제로 싸울 수도 있다.

때로는 심각한 이유로 싸운다. 당신이 장을 보고 집에 들어왔을 때 인터넷에서 포르노를 보고 있는 남편을 목격할 수도 있다. 혹은 아내가 당신과 가장 친한 친구와 몇 달 동안 바람을 피우고 있었음을 알게 될 수도 있다. 관계에서 폭력과 학대를 경험하는 경우도 있다.

관계라는 문제가 복잡한 것임을 나도 잘 안다. 다뤄야 할 삶의 문제들이란 너무도 다양하여 모든 사람이 하나의 책에서 모든 답을 얻을 수는 없다. 하지만 두 사람이 함께 하나님을 구하는 방법을 찾고 건설적인 싸움을 하기로 결정한다면, 하나님의 임재가 모든 관계를 치유하실 수 있다고 나는 확신한다. 그렇긴 해도 당신 스스로 다룰 수 없는 일이 일어나기도 한다. 그럴 때는 외부의 도움, 즉 신뢰할 만한 성숙한 부부나 기독교 결혼상담가로부터 도움을 받으면 된다. 도움을 청하는 것은 현명하고 지혜로운 일이다. 도움이 필요한 경우에 관해, 나는 존 가트맨이 〈요한계시록〉의 네 기사Horsemen of the Apocalypse'라 이름한 네 가지의 경고신호를 여기 인용하고자 한다.

(1) **비판.** 사람들은 종종 비판하는 것과 불평하는 것을 혼동하지만, 이 두 가지는 엄연히 다르다. 불평하는 사람들은 이렇게 말한다. "내가 나가자고 할 때 나갔어야지." 비판하는 사람들은 이렇게 말한다. "당신 때문에 항상 늦잖아!" 불평은 상황에 대한 불만족스러운 감정을 표현하는 것이다. 비판은 누군가의 기질이나 결정에 대한 반감을 표시하는 것이다. 불평은 보편적이며 특정인에 대한 것이 아닐 수 있다. 비판은 구체적이고 **분명하게** 누군가를 겨냥한다. 관계에서 비판이 일정한 유형이 되어 있다면, 큰 문제에 빠질 수 있기 때문에 도움을 받아야 한다. 이런 태도를 내버려두면 곧바로 다른 경고신호에 노출될 것이다.

(2) **경멸.** 경멸은 남을 깔본다는 뜻이다. 배우자의 의견이나 혹은 **배우자** 자체를 존중하지 않는 것이다. 배우자가 자신에게 '어

지금 당신이 최고다

088

울리지' 않는다고 느끼거나 배우자에 비해 자신이 '아깝다'고 믿는다. 경멸은 때로 눈에 보이고 귀에 들리게 전해진다. 당신이 무슨 말을 할 때 배우자가 혀를 차거나 눈을 굴리고, 혹은 냉소와 무시의 태도로 대화에 임하는 것이다. 경멸은 보통 두 사람만 있는 사적인 환경에서 나타난다. 다른 사람 앞에서는 겉치레에 신경을 쓰기 때문이다. 하지만 경멸이 한번 자리를 잡고 나면, 그 관계의 밖에 있는 사람들도 곧 유해한 싹에서 자라난 가지들을 보게 될 것이다.

(3) **방어.** 방어는 외부의 도움이 필요한 경고신호 중 가장 흔한 것이다. 한쪽이나 혹은 두 쪽 모두가 관계의 문제에 대한 책임을 회피하는 것이다. 방어적인 사람들은 이렇게 말한다. "그건 아내 잘못이야. 나는 잘못이 없어. 그녀는 항상 화가 나 있거든." "멍청한 인간! 바보처럼 사는 게 내 남편의 영적인 은사야."

그들이 항상 드러내놓고 남의 탓을 하는 것은 아니다. 하지만 그들의 인격은 프라이팬처럼 테플론 코팅이 되어 있어서 아무것도 들러붙지 않는다. 책임감을 받아들이지 않는 것은 물론 **두 사람 모두**의 문제다. 어느 한 사람이 관계를 훼손하고 있다 해도, 감정에 휘둘리기보다 성령에 민감하게 반응해야 한다. 다른 사람에게 모든 탓을 돌린다면 결코 해결책을 얻을 수 없다.

(4) **담쌓기.** 담쌓기는 미성숙한 사람들이 자신의 뜻을 관철시키기 위해 사용하는 수동—공격passive—aggressive 방법이다. 담을 쌓는 사람은 이미 관계를 완전히 포기했거나 현재의 위기가 '지나갈' 때까지 그냥 기다리면 된다고 생각한다. 어떤 경우든, 이것은 책임을 받아들이지 않는 또 다른 양상이다. 문제가 생길 때마다 화제를 바꾸거나, 토론을 기피하거나(나가버리거나 숨는 경우도 있다), 문제가 있다는 것을 인정하지 않는다. 이러한 담쌓기는 회복을 추구하는 태도와 완전 반대 지점에 있다.

하나님이 원하시는 관계를 맺는 데 있어서 가장 중요한 요소는 건설적인 싸움을 하는 것이다. 하지만 당신의 결혼생활에 위의 네 가지 중 하나가 (혹은 네 가지 모두가) 있다 해도, 결코 늦었다고 생각하지 말라! 하나님은 결혼을 치유하실 수 있다. 다만 첫 걸음을 내딛는 것은 당신의 몫이다. 곧 하나님을 추구하는 일을 시작하라. 기다리지 말라. 배우자가 당신과 함께 하나님을 추구하려 하지 않는다 해도, 당신은 계속 그 길을 가야 한다!

결혼생활이 회복될 여지가 전혀 없다고 생각한다면, 나는 당신에게 예수님의 말씀을 상기시켜주고 싶다. "사람으로는 할 수 없으나 하나님으로서는 다 하실 수 있느니라"(마 19:26). 그렇다면 이 모든 갈등들은 왜 생기는 걸까? 예수님의 또 다른 말씀을 보자. "도둑이 오는 것은 도둑질하고 죽이고 멸망시키려는 것뿐이요." 하지만 예수님이 오신 것은 당신이 "생명을 얻게 하고 더 풍성히 얻게 하려는 것"이다(요 10:10).

당신에게 원수는 단 하나다. 그것은 배우자가 아니다. 잘 생각해 보라. 그 원수는 당신의 기쁨을 도둑질하고, 당신의 사랑을 죽이고, 당신의 결혼을 멸망시키려는 도둑이다. 당신은 그 도둑과 건설적인 싸움을 할 필요가 없다. 오히려 이런 도둑과의 싸움은 이기기 위한 것이어야 한다. 결혼을 위해 싸우고 승리를 위해 싸워야 한다.

당신이 할 수 있는 최선의 길은 배우자와 건설적으로 싸우는 법을 배우는 것이다. 해결을 위해서, 회복을 위해서 말이다. 어떤 노력이 들더라도 가장 힘든 부분까지 모든 것을 감수해야 한다. 용서를 연습하라. 사랑을 위해 자존심을 내려놓으라. 서로 마음을 열고 관용하며 양보하는 법을 배우라. 하나님을 함께 구하고, 그분을 관계의 최우선순위에 놓으라.

상대방을 겨냥해 싸우지 말라.

두 사람이 오랫동안 누려야 할 결혼을 위해 싸우라.

에이미의 이야기

지금으로부터 23년 전 신혼 때의 싸움을 돌이켜보면, 어리석었던 모습들이 생각나 얼굴이 화끈거린다. 지금 생각해보면 대부분은 우스운 문제들이었다. 하지만 당시에는 사소하거나 유치하기는 커녕 모든 것, 모든 '문제'가 정말 심각했다.

크레이그가 이미 밝힌 것처럼, 그는 팬케이크에 대한 자기만의 기준이 있었다. 모양이 완벽하고, 바삭거릴 정도로 얇고, 인공적인 재료들로 가득 차 있고, 뜨거워서 못 먹을 정도의 그런 팬케이크 말이다. 나 역시 팬케이크를 좋아한다. 하지만 내가 좋아하는 것은 통밀로 만든 두툼한 팬케이크다. 하나님은 둘 중 한 사람만 양보하는 것을 금하신다! (최근 크레이그는 나의 건강식 팬케이크를 고맙게 생각하게 되었고, 나는 이따금 그가 좋아해 마지않는 몸에 나쁜 얇은 팬케이크를 만들어준다.) 정말 사소한 언쟁들도 많았고,

좌절된 기대나 상처 입은 감정들을 감당해야 할 때도 있었다.

차를 타고 어딘가 새로운 곳으로 갈 때, 나는 차 안에서 둘만의 시간을 갖는 것을 좋아한다. 보통은 크레이그가 운전을 하고 나는 방향이나 길을 찾는 역할을 한다. 하지만 솔직히 나는 어디를 가든 시간에 맞춰 움직이는 데는 별로 관심이 없다. 나에겐 긴장을 풀고 여행을 즐기는 것이 더 중요하다. 창밖으로 풍경을 감상하고 모든 순간을 즐기려고 노력한다. (사실 우리는 성격 차이가 크다!) 크레이그는 내가 해와 별을 따라 길을 안내하는 것 같다며 나를 놀리고 짜증을 낸다. 특히 길을 잘못 들기라도 하면 그의 조롱은 더 심해진다. 그리고 그가 불필요하게 서두른다는 느낌이 들어서 그것을 입 밖으로 내고 나면 상황은 빠르게 악화된다. 대충 감이 오는가?

좀 더 건설적으로 싸우도록 도와주는 두 가지가 있다. 그 두 가지는 서로의 관계뿐 아니라 그리스도와의 관계에서 오랜 시간에 걸쳐 형성된 성숙도와 밀접한 관련이 있다. 첫 번째로 우리는 둘 다 서로를 더 사랑하는 방법을 배웠다. 아까 말했듯이 우리는 서로 다르다. 아주 많이 다르다. 하지만 그것을 갈등의 원천으로 삼지 않고, 서로의 차이점을 수용할 뿐 아니라 오히려 소중히 여기는 법을 배웠다.

나는 더 이상 크레이그를 나와 더 비슷한 존재로 바꾸려 하지 않는다. 과연 또 다른 나를 상대해야 할 필요가 있을까? 크레이그는 크레이그다. 나는 그를 있는 그대로 받아들인다. 예수님이 그렇게 하셨으니 내가 그렇게 하는 것은 당연하다! 우리는 서로의 차이와 약점을 인정하는 데서 그치지 않고 그것이 서로에게 강점이 될 수 있음을 배웠다. 우리는 혼자 있을 때보다 팀으로 함께 있을 때가 더 좋다. 우리가 자존심보다 은혜를 택할 때, 두 사람의 혼합된 특성은 아름다운 조화를 이룬다. 결혼에 대한 하나님의 말씀처럼 우리는 정말 둘이 한 몸을 이루어 가고 있다.

두 번째로 우리는 위기의 순간에 드는 첫 생각을 누르고 자신을 통제하는 훈련을 했다. 화가 날 때 분노에 찬 말들을 내뱉는 것은 쉽다. 하나님은 크레이그의 삶에서 이것을 먼저 변화시키셨고, 그의 경건한 본을 따라 나를 인도하셨다. 머리가 맑아지고 마음이 차분해질 때까지 인내하며 기도하다보면 그 순간의 격렬한 감정은 소멸한다. 시간을 두고 조금 기다린 후에 차분히 대화를 나누는 것은 생각보다 훨씬 쉽다. 당신도 이것을 경험하고 나면 놀랄지도 모른다.

우리는 항상 잠자리에 들기 전에 그날 겪은 모든 일이 정리될 것임을 알고 있다. 그렇게 하고 나면 다음 날 모든 것이 더 나아진 느낌이 들고, 쌓인 앙금을 해결했기 때문에 사랑으로 새롭게 시작할 수 있는 것이다. 우리는 아무리 작은 것이라 해도 문제가 될 소지들을 차단한다. 사탄이 그 문에 발을 들이려 할 때 가차 없이 문을 닫아걸고 결국 물러나게 만든다.

물론 이 방법은 두 사람의 뜻이 같을 때만 유효하다. 반드시 기억해야 할 중요한 두 가지는 함께 기도하며 하나님을 구하는 것, 그리고 항상 해결을 목표로 삼는 것이다. 싸우는 중에 얽히고설킨 감정을 방치하여 모든 것이 엉망이 되어버리는 때가 많다. 대부분은 자존심 때문일 것이다. 우리는 자신의 옳음을 입증하는 데 몰두할 수도 있다. 이것은 싸움의 잘못된 목적이며 싸움에서 이길 수 있게 해주지도 못한다. 모든 싸움에서 이긴다 해도 그 과정에서 관계가 파괴된다면 대체 당신은 무엇에 대해 이긴 것인가? 그것은 무의미한 일이다.

이기기 위해 싸우지 말라. 갈등을 없애고 더 깊은 관계로 나아가기 위해 싸워야 한다. 서로를 상대로 싸우지 말라. 회복된 관계를 얻기 위해 함께 싸우라. 싸우고 난 뒤에 처음보다 서로가 더 가까워지는 것이야말로 진정한 의미의 승리라 할 수 있다. 그것이 바로 이기는 것이다! 또한 그것은 우리가 건설적인 싸움을 하는 진정한 의미다.

From
This Day
Forward

세 번째.
즐거움을 누리라

세 번째.
즐거움을 누리라

"아내들이여, 남편이 집에 돌아오는 것을 기쁘게 만들라.
 남편들이여, 당신이 집을 떠나는 것을 아내로 하여금 슬퍼하게 만들라."
– 마틴 루터

에이미와 연애를 하던 시절에, 나는 재미있고 새로운 데이트를 계획하느라 꽤 공을 들였다. 나는 돈이 별로 없었기 때문에 창의성을 발휘할 수밖에 없었다. 예를 들어, 한 번은 실내 캠핑 데이트를 한 적이 있다. '실내'에서 말이다. 나는 이웃집에서 텐트를 빌려 우리 집 거실에 설치했다. 그 텐트 주변에 온갖 화초들과 어린 여동생의 동물인형들을 갖다놓아 마치 야생동물들이 숲 사이로 출몰하는 것처럼 보이게 꾸몄다.

에이미가 놀러왔을 때, 나는 '야외에서' 요리를 하고 캠프파이어 때 먹을 법한 음식들을 내놓았다. 독자들은 아마 눈을 굴리며 무슨 저런 케케묵은 수법이 다 있나 생각했을지 모르지만, 사실 그녀는 무척 좋아했다. 내가 자기 때문에 너무 많이 애를 썼다며 신나했다. 우리는 데이트를 하는 내내 아무 생각 없이 함께 있는 시간을 즐기면서 그저 깔깔 웃고 농담을 주고받았다.

그런데 놀라운 사실은, 그로부터 23년이 지나 6명의 자녀가 생긴 후에도 이 방법이 효과가 있다는 점이다. (그리고 그런 사실에 나는 정말 감사한다.) 그 방법 외에도 우리는 데이트를 할 때 언제나 재미있고 신나는 경험을 했다. 특히 우리는 소풍 가는 것을 좋아했다. 가끔은 즉흥적으로 떠날 때도 있었는데, 몇 가지만 대충 챙겨서 아름다운 곳_{공원}이나 재미있는 곳_{동물원}에 가기도 했다. 우리는 수다를 떨고 서로에 대해 알아갔으며, 마음을 터놓고 자기 자신에 대한 깊은 대화를 나누었다. 그리고 늘 웃으며 농담을 했다.

때로 나는 자질구레한 것들을 선물하기도 했다. 언젠가 한번은 《미피와 자전거》Miffy's Bicycle, 아가월드라는 어린이 책을 선물한 적이 있다. 자전거를 너무 갖고 싶은 꼬마 토끼에 대한 이야기다. 처음에 그 책을 주었을 때 그녀는 이렇게 말했다. "이 책 왜 주는 거예요?"

나는 말했다. "이 책을 처음 봤을 때 '와, 예쁜 책인데! 언젠가 아이들에게 읽어주고 싶다'라는 생각이 들었거든요. 그래서 그날

이 올 때까지 당신이 특별한 곳에 잘 보관해줬으면 좋겠어요."

여기까지 읽고 나면 여자들은 분명 감탄할 것이다. 하지만 남자들이라면 "진짜로요?"라고 되묻지 않을까? 하지만 나는 정말 그 말을 지켰다. 내 아이들이 많이 자랐을 때는 다들 그 책을 통째로 외울 정도였다. 그리고 아이들은 '내가 태어나기 전에 아빠가 엄마에게 이 책을 주었다'는 것을 모두 알고 있었다. 나는 그것이 우리 가족의 소중한 기념물이 되어 자손대대로 물려지기를 바라고 있다. 사실 세월이 지나 에이미와 내가 세상을 떠나고 나면 아이들은 아마 그것을 차지하려고 법적인 싸움을 하게 될 것이다. (사실 그럴 일은 없을 것이다. 이미 유언장에 그 책을 어떻게 할 것인지 밝혀두었으니까!)

당신에게도 시시콜콜하지만 특별하고 감상적이며 아무도 모르는 즐거움이 담긴 이야기들이 있을 것이다. (아직 그런 이야기가 없다면 이제 만들어보라!) 하지만 이렇게 함께 즐거움을 누리는 것은 연애시절에만 국한된 것이 아니다. 결혼생활의 즐거움은 현재의 삶 속에서 계속 이어져야 한다.

사랑하는 것은 즐거운 일이다
데이트를 하던 시절에 에이미와 나에게는 함께 노는 시간이 아주 중요했다. 그리고 결혼 후에도 그 생각을 지켜나가기로 결정했다. 깊이 생각해볼 것도 없이, 우리는 즐기는 것이 관계에서 매우 중요하다는 것을 알았다. 결혼 후에 배우자와의 관계가 점점 뜸해지는 친구들을 수없이 봐왔던 것이다. '성숙한' 기혼자 역할에는 충실했지만, 그들에게 있어서 서로 즐거움을 누린다는 것은 거의 관심 밖의 일인 듯했다.

왜 그렇게 되는 것일까? 즐거움을 능동적으로 지켜내는 데는 양쪽 모두 책임이 있지만, 나는 많은 경우 남편 쪽에 문제가 있다고 생각한다. 우리 남자들은 태생적으로 무언가를 밀어붙이고, 새로운 것을 시작하고, 물색하는 자들이다. 우리는 뭔가를 좇을 때 흥이 난다. 우리는 이기는 것, 정복하는 것, 사냥하는 것을 좋아한다. 하지만 사냥을 한다면, 혹시 사슴을 잡는다면, 우리는 어떻게 하는가? 머리를 박제하고, 그것을 벽에 걸고, 한동안 자랑삼아 떠벌린다. 그 다음은? 또 다른 사냥감을 찾으러 가고 싶어 하는 것이다.

많은 경우 남자들의 그런 특성은 그들의 데이트 경향과 관련이 있어 보인다. 당신은 '그' 여자와의 첫 데이트를 성사시키려고 애를 쓸 때 주변에 응원하는 관중들이 있다고 느낀다. 당신은 그녀를 여자친구로 만들겠다고 다짐한다. 그런 다음 당신이 좋은 남편감이라는 인상을 주기 위해 노력한다. 그녀에게 꽃을 선물하고 다른 사람의 아이들과 놀아주면서 말이다. 마침내, 그녀의 손가락에 반지를 끼워주는 날이 오면, 당신의 가족들과 친구들은 이렇게 말할 것이다. "와! 해냈구나! 그 여자 정말 멋지던 걸! 잘 했어!"

그리고 모든 환호 소리가 잦아들고 조용한 매일의 일상이 시작되면, 군중들 역시 사라지고 만다. 이젠 그 누구도 "할 수 있어! 한번 잘 해봐!"라고 당신을 응원하지 않는다. 당신의 게임을 새로운 현실에 맞추지 않는다면 즐거움은 곧 희미해질 것이다.

안타깝게도 너무 많은 사람들이 결혼생활에서 누리는 즐거움을 사치로 생각한다. "더 이상 즐길 수 있는 시간적 여유가 없습니다. 철없는 데이트나 주말여행을 할 만한 돈도 없고요. 생활도 해야겠고 성공도 해야겠고 아무튼 아주 빠듯합니다. 이젠 어른이 돼야죠. 즐길 수 있을 때는 즐거야겠지만, 더 이상은 아닙니다. 왜 놀고 싶지 않겠어요? 하지만 지금 그런 생각을 하는 것은 현실적이지 않지요." 게다가 아이들이 생겨 가족이 늘어나기 시작하면, 부부끼리 둘이서만 즐거운 시간을 갖는 것은 불가능하다고 느낀다.

하지만 결코 그렇지 않다! 결혼한 사람들에게 즐거움은 사치가 아니다. 그것은 필수다. 왜 더 많은 사람들이 결혼생활에서 즐거움을 포기하는지 다 알 수는 없지만 나는 이 문제에 관심이 많다. 언젠가 어떤 남성이 이렇게 말하는 것을 들은 적이 있다. "남자는 결혼을 해야 비로소 행복을 알게 된다고 하지만 그때는 행복을 논하기에 너무 늦은 거 아닌가요." 잠시 후, 한 여성이 이렇게 쏘아붙였다. "자기 아내가 농담을 잘 이해하지 못한다고 말하는 남자들을 볼 때마다, 저는 그 아내분이 결혼을 할 때 세상에서 제일 재밌는 농담 하나를 이미 이해한 거라고 그 남자에게 가르쳐주지요."

나는 과거에 아주 멋진 데이트를 즐겼던 많은 부부들을 알고 있다. 하지만 결혼과 동시에 '생활'이 끼어들고 시간이 흐르면 더 이상 즐기려 하지 않게 된다.

낭만도 없고 모험도 없고 육체적인 접촉도 없을 때, 즉 아무런 즐거움이 없을 때, 결혼생활은 하나의 업무적 관계로 축소되고 만다. 회사의 파트너, 혹은 집세와 식비를 나눠 내지만 완전히 다른 삶을 사는 룸메이트가 되는 것이다. 대화는 할 일을 분배하는 짧은 회의로 끝날 수도 있다.

"내가 제이미를 목요일 운동연습에 데려갈게."

"좋아. 베스가 피아노 레슨을 하는 시간이랑 겹치네. 그러면 내가 베스를 맡을게. 당신 혹시 신용카드 대금 냈어?"

"지난번에 대리점에 낸다는 걸 깜빡했어. 우편으로 보내야 할 것 같아."

"어차피 오늘 아침에 은행을 들러야 하는데 근처에 우체통이 있어. 나한테 주면 가는 길에 넣을게."

"고마워. 자, 그럼 이번 주에 처리해야 할 일이 또 뭐가 있지?"

내 말을 오해하지 않길 바란다. 분명 이 모든 일들은 중요하다. 하지만 두 사람의 관계가 그저 하루의 일을 처리하는 정도의 관계로 전락한다면, 차라리 고지서 대금을 보낼 우편봉투에 침을 묻혀 우표 붙이는 재미라도 느끼라.

우리는 힘든 시간을 보내면서 사랑에 빠지지는 않는다. 싫증을 느끼는 대상과 사랑에 빠지는 사람을 본 적이 있는가? 혹은 어떤 젊은 여성이 이런 말을 하는 것을 들어본 적이 있는가? "오, 그 남자 정말 최고야! 우리는 정말 공통점이 하나도 없어. 만날 때마다 그냥 앉아 있기만 하고 서로 아무 말도 안 해. 가끔 나는 그 사람이 비디오게임하면서 노닥거리는 걸 몇 시간 동안 구경만 할 때도 있어. 그렇게 따분하고 지루한 사람이라는 게 너무 흥분돼."

그렇지 않다! 사람들은 이렇게 말한다. "우리는 만나기만 하면 너무 즐거워! 공통점이 얼마나 많은지 몰라. 몇 시간을 보내도 그냥 몇 분 같다니까! 헤어지는 게 너무 싫어. 실컷 얘기하고 싶은데 늘 시간이 부족한 것 같아. 영원히 함께했으면 좋겠어."

데이트하는 것이 즐겁지 않았다면 결혼까지 가지 않을 것이다. 하지만 어떤 부부들은 결혼 후에 그런 모험과 즐거움의 감각을 잃어버리는 것 같지 않은가?

즐길 시간이 없다고 생각하는가? 반대로, 즐기지 않을 시간도 없다. 사실 결혼생활에서 즐거움을 찾지 않는다면, 언젠가 결혼 생활 자체를 잃게 될지 모른다.

큰 주제와 세세한 이야기

하나님은 우리가 배우자와 즐겁게 살기를 원하신다. 그분은 결혼의 복을 누리는 우리를 보며 기쁨을 찾으신다. 결혼은 흑백처럼 보이는 우리의 삶에 색깔을 입힌다. "이 세상에서 하나님이 너에게 주신 덧없는 삶을 사는 동안 너는 네가 사랑하는 아내와 인생을 즐겨라. 이것은 이 세상에서 네가 수고한 것에 대한 보상이다"(전 9:9, 현대인의 성경). 아주 단순하지 않은가?

당신은 수많은 날들을 일에 파묻혀 지낸다. 아침에 일어나 출근을 하고, 점심 때 잠깐 쉬고, 다시 좀 더 일을 하고, 하루가 끝나면 드디어 집에 돌아온다. 아마 하루 중 가장 좋은 시간일 것이다. 사랑하는 아내에게 돌아오는 것 말이다. 남편들은 아내와 함께 의도적으로 행복을 추구해야 한다. 아내는 당신의 삶에 허락하신 하나님의 '보상'이기 때문이다.

아내에게 돌아온다는 의미는 함께 있는 시간을 누린다는 것이다. 이는 함께 시간을 보내고, 함께 있음을 즐기는 것이다. 데이트를 할 때는 언제까지고 영원히 대화의 소재가 마르지 않을 것처럼 느낀다. 연인들은 서로 전화로 이야기를 나눈다. 전화를 하지 않을 때는 문자메시지를 주고받는다. 내가 아는 한 커플은 데이트를 할 때 새벽 2시까지 전화를 했다고 한다. 얘깃거리가 떨어지면, 베개 옆에 휴대전화를 놓고 잠들 때까지 서로의 숨소리를 들었다는 것이다. (거친 숨소리가 아니라 정상적이고 평범한 숨소리 말이다!)

하지만 결혼하고 나면 어떻게 되는가? 대부분의 사람들은 함께 있는 시간을 스케줄과 책임과 스트레스로 채워 넣는다. "방과 후에 애들 좀 데려올 수 있어요?", "당신이 애를 운동하는 데 좀 데려다줘야겠어요.", "그럼 당신은 댄스 수업에 데려가요.", "자동차 오일 교환을 해야 할 때가 된 것 같아요.", "집에 올 때 잠깐 마트에 들러서 우유 좀 사와요.", "에어컨이 좀 이상한데?", "알았어요. 내가 서비스 센터에 전화해서 한번 봐달라고 할게요." 함께 시간을 보낸다 해도, 대화를 하고 깊은 내면의 이야기를 나누는 것이 아니라 그저 정보를 교환하는 데 그 기회를 다 써버린다. 품위는 있어도 친밀함은 없다. 실용적이긴 해도 즐겁지는 않다. 가장 나쁜 점은 이 모든 것이 관계에 별 도움이 안 된다는 것이다. 두 사람에게는 함께 있는 즐거움face-to-face fun이 필요하다.

내가 말하는 대화의 좋은 예를 성경에서 찾아보도록 하자. 〈아가서〉에서 솔로몬은 자신이 사랑하는 술람미 여인과 시적인 대화를 나눈다. 친밀하고 다소 성적인 표현을 사용하면서 상당히 공을 들여 그녀의 아름다움을 상세히 이야기한다. 그는 발에서부터 눈동자에 이르기까지 그녀의 몸 전체를 하나씩 묘사한다. 〈아가서〉 7장 1~4절현대인의 성경의 내용을 한번 해석해 보겠다.

"귀한 집안의 딸이여, 신발을 신은 그대의 발이 어쩌면 그처럼 아름다운가요! 그대의 다리는 예술가의 작품처럼 우아하고."

참 멋진 남자 아닌가? 솔로몬이 배경음악으로 배리 화이트Barry White의 노래를 틀어놓았을 거라고 한번 상상해본다.

"그대의 배꼽은 혼합 포도주를 가득 부은 둥근 술잔 같으며."

해석 : "내 사랑, 당신의 배꼽에 채운 포도주를 은밀히 마셔보고 싶습니다."

"그대의 허리는 백합화로 두른 밀짚단 같구려."

해석 : "모래시계 같은 당신의 몸매는 아름답고 섬세합니다. 그리고 당신에게서는 늘 좋은 냄새가 납니다."

"그대의 젖가슴은 쌍태 노루 새끼 같고."

해석 : "난 당신의 가슴을 좋아합니다. 부드럽고 푹신해 보이는 당신의 가슴은 너무 아름답습니다! 그것은 나를 행복하게 합니다."(이 부분에 대해 더 자세히 설명할 수 있지만, 성숙한 한 인간으로서 자제하려고 한다. 하지만 당신이 이해할 거라 생각한다.)

"목은 상아탑 같으며."

해석 : "길고 가느다란 당신의 목은 마치 도자기처럼 매끈해 보입니다."

"눈은 바드랍빔 성문 곁의 헤스본 연못 같고."

해석 : "당신의 눈은 바다와 같은 푸른빛입니다. 나는 당신의 눈에 빠져듭니다."

솔로몬은 지금 무엇을 하고 있는가? 자신의 연인과 얼굴을 마주보며 친밀하고 상세하게 묘사하고 있는 것이다.

남성들은 큰 주제를, 여성들은 세세한 이야기를 좋아한다.

솔로몬은 자신을 주체할 수 없고 그의 연인은 그런 관심이 싫지 않다. 아내들은 남편과 대화하는 것을 즐긴다. 남편이 무엇을 느끼는지, 어떻게 느끼는지, 왜 그렇게 느끼는지 이야기해주기를 바란다. 남편들은 그저 **보여주기**를 원하지만 아내들은 말로 표현해주는 것을 좋아한다. 감정을 표현할 때 서로가 경계를 늦추게 되며 이로 인해 좀더 친밀한 관계를 맺게 된다. 친밀하고 지속적인 대화는 모든 결혼에 있어서 성공의 비결이다. 이 말은 당신이 그것을 지켜야 한다는 뜻이다. 왜냐하면 그렇게 하지 않을 때 매일의 일상이 점점 친밀감을 밀어내고 결국 함께 있는 즐거움을 상실하게 될 것이기 때문이다.

시간을 떼어두기

우리 교회 사람들은 오래 전에 내가 귀에 못이 박히도록 이야기했던 한 단어 때문에 아마 무척 피곤했을 것이다. 그 단어는 바로 데이트 나이트date night, 부부가 데이트를 위해 정기적으로 시간을 갖는 것_옮긴이다. 데이트 나이트, 데이트 나이트, 데이트 나이트, 데이트 나이트! 그런데도 왠지 나는 더 강조하지 못한 것이 아쉽기만 하다. 몇 년 동안 거의 매주, 에이미와 나는 데이트 나이트 약속을 꾸준하게 지켰다. 우리는 감정적으로 친밀한 유대감을 갖기 위해 매주 시간을 따로 비워두었다. 아무리 어려운 일이 있어도 최소한 한 주에 한 번은 우리 두 사람 모두가 기다리는 저녁 시간이 찾아온다는 것을 알고 있었다.

하지만 점점 나이가 들고 아이가 하나씩 늘어나면서, 교회 일이 점점 복잡해지면서, 결국 우리는 항복하고 말았다. 우리는 스케줄에 대해 논의했다. "여보, 우리는 이미 훌륭한 결혼생활을 하고 있잖아요. 주일성수하듯 데이트 나이트를 지키기엔 요즘 너무 바쁘다고 생각하지 않아요? 그러니까 당분간은 그냥 좀 쉬면서 아이들과 좋은 시간을 보냅시다." 이 의견에 우리는 서로 동의했다.

그때는 아주 합리적인 의견처럼 들렸다. 무해하게만 보이는 그런 결정이 우리에게 어떤 대가를 치르게 할지 전혀 알지 못했다. 몇 달 후, 우리는 관계에 뭔가 심상치 않은 기류가 있음을 감지했다. 매주 한 번씩 친구들과 모이던 소그룹이 있었는데, 이 모임에서 우리는 믿음에 대해 이야기하고 좋은 것이든 나쁜 것이든 각자에게 일어나는 일들을 나누었다. 그 후로 몇 주 동안 모임에 참석하면서, 나는 반복적으로 어떤 인상이 떠오른다는 것을 알았다. 에이미가 어떤 일을 겪는지, 어떤 것을 느꼈는지 나눌 때마다 '난 전혀 모르고 있던 일인데!'라는 생각이 들었던 것이다.

그녀는 내 아내이기도 하지만 다시없을 최고의 친구다. 그런 그녀가 자신에게 일어나는 정말 중요한 일들을 이야기할 때 내가 전혀 모르고 있다는 사실은 충격으로 다가왔다. 에이미 역시 나와 같은 감정이었다. 나는 그룹에서 이렇게 나누었다. "요즘 제가 계속 기도하고 있는 것은……" 혹은 "지금 제가 가장 무겁게 느끼는 짐이 바로 이것입니다"라고 말이다. 집에 돌아왔을 때 에이미가 물었다. "언제부터 그랬어요? 어떻게 내가 오늘 그 얘기를 처음 들었을까요?"

다행히 우리는 동시에 같은 결론에 이르렀다. 결혼생활을 견고하고 강하게 하는 데 있어서 함께 있는 친밀한 시간이 얼마나 중요한지 두 사람 다 깨닫게 되었던 것이다. 상황을 직시하자마자 우리는 다시 정기적인 데이트 나이트를 시작했다. 그 시간은 정말 신성했다!

당신 역시 데이트 나이트를 실행에 옮겨야 한다고 나는 주장한다. 당신은 그 시간을 따로 떼어 신성하게 여겨야 하며 방심하지 말고 그것을 지켜야 한다. 그러면 결혼생활이 달라지는 것을 경험하게 될 것이다. 함께 있는 시간에 정기적으로 투자한다면, 관계에서 그 결과가 나타난다. 관계를 위한 다른 대안이 있는가? 없다면 데이트 나이트를 한번 시도해보라.

방과 후 활동을 위해 아이들을 태워다주면서 그 이동 시간에 차에서 잠깐 보는 것은 해당되지 않는다. 텔레비전을 함께 보면서 이야기하는 것도 제외다. 식탁을 사이에 두고 앉아 각자 휴대전화를 들여다보는 것도 제외다. 우리는 아무런 방해 없이 함께 있는 시간이 필요하다. 꾸준하고 신중하며 충실한 만남을 가져야 한다. 쇼핑몰을 함께 다니는 멋진 노년의 부부처럼 먼 곳까지 산책을 하라. 커피숍에 가서 함께 마주 앉으라. 긴 드라이브를 하라. 자동차 극장에 가라. 후미진 낡고 작은 식당을 찾아 그곳의 단골이 되라. 두 사람만의 방법을 찾아보라. 다만 정기적으로 계획을 세워 함께 있는 즐거움을 찾는 데 시간을 쏟으라.

함께하는 활동들

함께 있는 즐거움 못지않게 중요한 또 다른 즐거움이 있다. 활동의 즐거움side-to-side fun은 가장 좋은 친구인 당신의 배우자와 좋아하는 일을 함께 즐기며 편안하게 어울리는 것이다. 〈아가서〉 7장 11절은 이렇게 말한다. "내 사랑하는 자야 우리가 함께 들로 가서 동네에서 유숙하자."

어떤 즐거움인지 감이 오지 않는가? "우리 주말에 휴가 갈까요? 애들은 아는 사람들 집에 맡기고 우린 그냥 떠나서 좋은 시간 좀 가지면 어때요? 괜찮은 침대와 아침식사가 있는 곳이면 어디라도 좋아요."

아내들은 활동의 즐거움이 남편에게 중요하다는 사실을 결코 과소평가하지 않길 바란다. 지나치게 일반화하고 싶지는 않지만, 내가 말하려는 것은 **대체로** 사실이다. 대부분의 남자들에게 활동의 즐거움은 여자들이 함께 있는 즐거움을 소중하게 생각하는 것과 마찬가지의 의미다. 아내와 함께 좋아하는 활동을 할 때 남편들은 존중받는다고 느낀다. 남편들에게 있어서 함께 있는 시간을 갖는 것은 필요 때문이지만, 활동하는 시간을 갖는 것은 그것을 **원하기** 때문이다. 그것은 두 사람을 친구로 묶어준다.

한 친구는 내게 이런 말을 했다. "아내와 나란히 걸을 때 나는 항상 아내의 손을 잡아. 이유는 두 가지인데, 첫 번째는 내가 아내를 사랑하기 때문이고 두 번째는 내가 손을 놓으면 아내가 쇼핑을 가기 때문이야."

에이미와 나는 결혼하고 많은 시간이 흐른 후에야 활동의 시간이 얼마나 중요한지 깨달았다. 아이러니컬하게도 그런 시간을 가졌을 때, 그 옛날 처음 데이트할 때 내가 에이미에 대해 가졌던 감정들이 기억나기 시작했다. 데이트 초기에 그녀가 마음에 들었던 이유 중 하나는, 내가 무엇을 하든 그녀가 **항상** 나와 함께 다니기를 원했다는 점이다. 그녀는 내가 친구와 테니스를 치러 갈 때도 따라왔고, 내가 도서관에 공부를 하러 갈 때도 책 몇 권을 챙겨들고 따라왔다.

결코 잊지 못할 어떤 일이 생각난다. 대학에 다닐 때였는데 에이미와 함께 몇몇 친구들을 보기로 약속을 했다. 나는 그녀를 데리러 나가는 길에 야구장갑 두 개를 챙겼다. 잠시 후 친구들과 만났을 때 에이미와 나는 캐치볼을 하며 이야기를 나누었다. 당시에 내가 머릿속으로 무슨 생각을 하고 있었는지 지금도 생생히 기억난다. '에이미는 최고의 여자친구야. 나랑 캐치볼을 해주는 이런 여자를 어떻게 찾았을까?' 한 친구는 우리가 캐치볼을 하는 사진을 찍어서 나중에 나에게 선물로 주었다. 그 사진이 왠지 너무 소중하게 느껴졌기 때문에 나는 그것을 포스터 크기로 확대해서 벽에 붙였다. 캐치볼을 하는 완벽한 여자친구를 주변의 모든 친구들이 보길 바랐던 것이다. 매력적인 것도 모자라 스포츠를 사랑하는 여자라니!

당신에게도 이와 비슷한 것이 있는가? 우리는 함께 즐길 수 있는 활동이 필요하다. 당신의 남편이 같이 골프를 치러 가자고 항상 조르는가? 아마 따분하다는 생각이 들지 모른다. 그런데, 한 가지를 먼저 확인해보자. 골프 카트를 운전해 본 적이 있는가? 그것은 결코 따분하지 않다. 그뿐 아니라. 함께 골프를 치면서 얼마나 많은 대화 시간을 가질 수 있을지 생각해보라.

남편은 당신과 함께 사냥을 가고 싶어 할지도 모른다. 나는 사냥을 하지 않지만, 내 주변에는 사냥을 즐기는 몇몇 여성들이 있다. 그중 한 여성은 몇 시간이고 야외에 나와 남편과 조용히 앉아 있는 것을 좋아한다. 그들은 손을 잡고 커피도 마신다. 그런 다음

사슴이나 칠면조나 다른 동물들을 쏴서 벌집을 만드는 것이다. 낭만적이지 않은가?

물론 함께하는 활동을 즐기겠다고 꼭 과격한 것을 찾아볼 필요는 없다. 그저 미술관에 가거나 해변에서 모래성을 쌓는 것도 좋다. 함께 암벽 등반을 하거나 도보여행을 하는 것도 좋다. 2인용 자전거를 타거나 체스를 두는 것도 좋다. 아침에 베란다에 앉아 함께 커피 한 잔을 마시며 새들을 구경하는 것도 좋다. 활동하는 시간을 함께 보내기만 한다면 어떤 것이든 상관없다. 아내들은 남편과 함께 그의 세계로 들어가 보라. 하지만 이것은 두 사람이 함께 노력해야 할 일이다. 남편들 역시 아내의 세계로 들어가 보라. 아내와 함께 쇼핑을 하고 수공예품 박람회나 벼룩시장 혹은 골동품 경매장에 가는 것이 그저 웃기는 소리로 들릴지 모르지만, 혹시 아는가? 당신도 그것을 즐기게 될지 모른다. 남편과 아내 모두 상대방이 좋아하는 일을 하며 함께 시간을 보내라.

때로 나는 금요일 저녁에 에이미와 함께 장을 보러 간다. 왜냐고? 나는 장보는 것의 열혈팬이기 때문이다! (농담이다. 사실 나는 통조림 가격을 비교하는 것보다 중국식 물고문사람을 결박한 후 장시간 이마에 물을 한 방울씩 계속 떨어뜨려 미치게 만드는 고문_옮긴이이 낫다고 생각하는 부류다.) 하지만 에이미는 장보기를 좋아할 뿐 아니라 아주 능숙하다! 내가 즐기는 것은 그녀와 단둘이 있는 그 시간이다. 또한 마트에 따라 나오면, 그녀가 안 보고 있을 때 내가 좋아하는 팬케이크 믹스를 몰래 장바구니에 투척할 수 있다. 사실 지난번에 내가 같이 장보러 갔던 것에 대한 고마움의 표시로 그녀는 다음날 아침 내가 좋아하는 얇은 팬케이크를 만들어주었다. (하나님은 선하시고 내 아내도 참 착하다!)

나는 가끔 영적인 긴장을 좀 풀고 아내와 함께 웨딩드레스에 대한 TV쇼를 본다. 여성들이 자신의 웨딩드레스를 고르는 내용으로 이루어진 방송이다. 내가 아내의 세계에 들어와 함께 앉아 있으면, 그녀는 내게 이렇게 묻는다. "우리 좀 더 가까워진 것 같지 않아요?" 그럴 때면 왠지 아내가 귀여워서 절로 미소가 지어진다.

나는 종종 아내가 좋아하는 일들을 하면서 그녀의 세계에서 함께 시간을 보낸다. 예전에는 부부 동반 베이비샤워에 참석한 적도 있다. 한번은 그녀가 매니큐어를 하고 싶은데 나에게 네일샵에 같이 가줄 수 있냐고 물었다. 그때, 나는 뭔가 선을 그어야 한다고 생각했다. 그것만은 도저히 할 수 없었다. 누군가가 내 손톱에 뭔가 칠한다는 것은 생각만 해도 심기가 불편했다. 물론 지금은 매니큐어 바르는 것을 좋아하는 남자들도 있다는 것을 잘 안다. 어쨌든 모든 남성들이 '여성스러운' 관심사를 하나쯤 가져야 한다는 것이 내 철학이다. 나의 경우는 양초다. 당신의 관심사가 손톱이라면…… 뭐, 그것도 나쁘지 않다. 하지만 그런 관심은 한 가지면 족하다! 만일 당신이 매니큐어를 칠한 후에 양초를 켜놓고 혼자 웨딩드레스 쇼를 본다면, 한번 상담을 받아보는 건 어떨까 싶다.

아내들은 본래 남편에게 마음을 터놓고 이야기하는 것을 당연하게 여긴다. 그런데 당신의 남편이 마음을 터놓고 당신에게 이야기하는 것은 언제인가? 아마 두 가지 경우일 것이다.

- 그가 즐기는 일을 당신과 함께 하고 있을 때
- 그가 즐기는 일을 당신과 함께 한 직후에

(위의 두 가지는 일종의 뼈 있는 농담이다. 하지만 농담이라고 해서 그게 사실이 아니라고는 할 수 없다.)

공원으로

함께 있는 즐거움은 중요하다. 또한 활동의 즐거움도 중요하다. 그리고 함께 있으면서 좋아하는 활동을 한다면, 그것은 어디로 향하게 될까? 바로 육체의 즐거움belly-button-to-belly-button fun이다! 이러한 즐거움의 의미를 설명하기 위해, 아마 우리는 솔로몬과 술람미 여인을 다시 호출해야 할 것 같다. 〈아가서〉 7장 10~12절現代人의 성경에서 솔로몬의 연인은 그의 유혹적인 말에 이렇게 응답한다.

"나는 내 사랑하는 님의 것이므로 그가 나를 사모하는구나."

해석 : "당신은 나를 원하는군요. 나는 이미 당신의 것이에요."

"내 사랑하는 님이시여, 우리 함께 시골로 가서 마을에서 밤을 보냅시다."

해석 : "당신과 함께 주말 휴가를 떠나고 싶어요. 당신이 늘 이야기하던 작은 민박집을 알아볼까요?"

"우리 일찍 일어나 포도원으로 가서 포도 순이 돋았는지, 꽃봉오리가 맺혔는지, 석류꽃이 피었는지 알아봅시다."

해석 : "거기 도착하면 숲속을 함께 거닐며 야생동물도 찾아봐요. 그리고 봄기운이 있다면……"

"내가 거기서 당신에게 내 사랑을 바치겠어요."

이것은 정말 해석이 필요할까? 사실 이 말의 뜻은 "공원에서 섹스를 해요!"라는 것이다. 하지만 당신에게 권하려는 것이 아니라, 다만 그녀가 한 말의 의미를 분명히 한 것뿐이다. 당신이 공원에 가서 섹스를 할 때 체포되지 않으려면 아주 은밀한 장소를 찾아야 할 것이다. (하지만 내가 이런 말을 했다는 것은 비밀이다.)

그것은 육체의 즐거움이자 낭만이며 또한 몸의 친밀함이다. 당신이 이해했기를 바란다.

'하나님이 그런 것을 괜찮다고 하실까?'라는 생각이 들지도 모른다. 물론이다. 하나님의 말씀을 살펴보자.

"네 샘으로 복되게 하라 네가 젊어서 취한 아내를 즐거워하라 그는 사랑스러운 암사슴 같고 아름다운 암노루 같으니 너는 그의 품을 항상 족하게 여기며 그의 사랑을 항상 연모하라"(잠 5:18~19).

해석 : "항상 서로를 즐거워하라. 결혼한 지 10분이 되었든 40년이 되었든, 네가 결혼한 여인을 즐거워하라."

아름다운 말씀 아닌가? 그녀는 아름답고, 그녀는 우아하다. 그러니 그것을 언제나 기쁘게 여기라는 뜻이다. 여기서 '연모 intoxicated'로 번역된 히브리어는 'shagah'이다. 이 단어는 한 짐승이 먹이를 구하기 위해 다른 짐승을 좇고 공격하고 죽이는 것을 설명할 때 사용되기도 한다. 솔로몬은 사랑하는 여인에 대한 감정이 바로 그와 같다고 표현하는 것이다. 여인에 대한 사랑이 그를 좇고 덮치고 집어삼키는 것이다. 육체에 대한 열망 말이다! 결혼 생활에서 사랑하는 배우자를 향한 열정에 사로잡히는 것은 단순히 좋은 것만이 아니라 하나님으로부터 온 복이다.

솔로몬의 지혜를 당신의 결혼생활에 적용하는 방법에 대해 이야기해보려고 한다. 육체적인 친밀함(그리고 즐거움)은 관계를 회복시키는 훌륭한 수단 중 하나다. 관계를 가진 지 오래됐을 수도 있고, 서로 타이밍이 맞지 않을 수도 있다. 당신이 서투를 수도 있고, 예전에 통했던 방법이 더 이상 효과가 없을지도 모른다. 혹은 그저 재미가 없고 지루하다는 느낌이 있을지도 모른다. 절망하지 말라. 희망이 있다.

자, 남편 쪽부터 이야기를 시작해보겠다. 당신의 접근방법이 굉장히 중요하다는 것을 기억하라. 약간 더 노력이 들더라도, 아내에게 다가가는 방법에 좀 더 창의성을 발휘해야 한다. 손가락을 아래쪽으로 향하고는 "여보, 당신도 원해? 지금 하고 싶지?"라며 항상 똑같은 식으로 아내에게 추근댄다면, 이제 좀 변화를 줄 때가 됐다. 샤워하고 나와서 "여보, 여기 좀 봐!"라고 말하며 자신의 엉덩이를 철썩 칠 때마다 아내가 흥분될 거라고 생각한다면, 뭔가 새로운 시도가 필요하다는 것을 인정해야 한다.

예를 들어, 부드러운 태도는 당신에게 별것 아닐지 몰라도 아내에게는 무척 중요하다. 섬세함 역시 간과해서는 안 된다. 저돌적으로 노출하는 행위도 아내에게 매력을 주지 못한다. 접근법에 관심을 가져야 한다. 아내를 설레게 하라. 의미 있는 대화를 나

뉘보라. 선물을 건네주라. 싸우고 나서 사과할 때만이 아니라 그 냥 이유 없이 꽃을 보내라. 접근법에 관심을 가지라. 하루가 어땠 는지 물어보고 이야기를 들어주라. 그녀가 의자에 앉으면, 그녀의 다리를 하나 들어 올리고 마사지를 해주라. 접근법에 관심을 가 지라. 내 메시지가 잘 이해되는가? (잘 전달되었기를 바란다. 나 역시 스스로에게 말하고 있기 때문이다.)

마지막으로, 모든 상황에서 성적인 분위기를 연출하지 말라. 아내가 "엔진오일을 교환해야 돼요"라고 말했는데, "내가 당신 오 일 교환해줄까?"^{미국 남자들이 성적인 관계를 암시할 때 쓰는 표현_옮긴이}라는 식으 로 말하고 싶더라도 제발 참으라는 뜻이다.

대신, 섹스에 이르지 못하더라도 그것과 상관없이 아내를 사랑 한다는 것을 보여주라. 에로틱한 분위기로 가지 못하더라도 아내 의 어깨를 주물러주라. 애정을 보여주라. 부드러운 태도로 대하 라. 접근법에 관심을 가지라.

물론 나는 여성들에게도 해주고 싶은 충고가 있다. 접근하라. 그거면 충분하다. 어떤 접근이든 좋다! 그저 접근하라! (나는 이 글을 쓰면서 미소를 짓고 있다.)

대부분의 여성들은 결혼생활에서 좀 더 로맨스를 경험하고 싶 을지 모른다. 에이미의 말처럼(이 장의 끝부분에 그녀가 쓴 글을 보라), 누가 당신을 막겠는가? 원한다면, 로맨스를 시도해보라. "그러므로 무엇이든지 남에게 대접을 받고자 하는 대로 너희도 남을 대접하라"(마 7:12).

아내들에게 해주고 싶은 말은, 플란넬보다는 실크가 더 보기 좋다는 것이다. 그러니 당신이 유니폼처럼 늘 입는 그 추레하고 낡은 실내복은 벗어버리라. 그리고 좀 괜찮은 란제리를 꺼내라. 그 외에도 얼마든지 편한 선택들이 있다. (나는 그렇게 들었다.) 아이 봐줄 사람을 구하고 남편과 함께 데이트를 나가라. 욕조에 물을 받으라. 어깨를 주물러주라. 음악을 틀라. 마빈 게이Marvin Gaye의 "렛츠 겟 잇 온Let's get it on"을!

당신은 어쩌면 이렇게 생각할지도 모르겠다. "그래요, 다 좋습니다. 하지만 우리는 그럴 시간이 없는 사람들입니다. 아이들도 어리고요. 지금은 아무튼 여유가 없네요." 그렇다면 〈도라도라 영어나라Dora the Explorer〉 DVD를 하나 틀어주고, 둘이 같이 슬쩍 방으로 들어가 문을 잠그라. 소리를 조금이라도 차단하도록 문 앞에 베개 몇 개를 쌓아놓으라. "서둘러요! 25분밖에 없어요!"

내가 하고 싶은 말은 좀 즐기라는 것이다. 구식이어도 좋으니 육체의 즐거움을 찾으라는 것이다. 나는 이 글을 읽고 있는 어느 독자로부터 9개월 반 후에 예쁜 새 아기가 태어났음을 알리는 엽

서를 꼭 받아보고 싶다.

육체의 연합

잠깐 진지한 이야기를 좀 나눠보자. 나는 남자들이 여자들에 비해 훨씬 더 자주 육체적인 친밀함을 원한다는 주장이 대체로 신빙성이 떨어진다고 생각한다. 여성들이여, 당신이 전혀 틈을 주지 않고 모든 것에 시들해지기 시작할 때, 그것이 남편에게 위기라는 것을 이해해야 한다. 그것은 침묵이 흐를 때, 그리고 둘 사이에 아무런 정서적인 친밀감이 없을 때 당신이 느끼는 괴로움과 비슷한 것이다. 그것은 위기다. 서로에게 사랑을 표현하는 중요한 방법은 육체적인 사랑의 행위를 통해 서로에 대한 영적인 헌신을 새롭게 하는 것이다. 섹스는 영적인 것이다. 그것은 육체의 연합으로 두 사람이 하나가 되는 것이다. 그것은 하나님이 주신 복이며, 서로를 진정으로 섬길 수 있는 방법이다.

생각해봐야 할 또 다른 것이 있다. 당신이 남편의 성적인 욕구를 채워주지 않는다면, 결과는 어떻게 될까? 남편의 성적인 충족감을 위한 올바른 선택은 오직 당신뿐이다. 다른 모든 선택은 죄가 된다. (남편들도 마찬가지다. 육체적 친밀감에 대한 아내의 욕구를 채워주지 않는다면, 아내로 하여금 다른 선택을 고려하게 만드는 것이다.) 실수하지 말라. 서로를 위한 최선의 길은 창의적이고 영적인 성관계를 자주 갖는 것이다. 하나님이 주신 이 선물을 통해 우리는 서로에 대한 영적인 언약을 새롭게 함으로써 그분을 기쁘시게 한다.

아마 당신은 이렇게 생각할 것이다. "하지만 남편은 정말 얼간이라고요! 지금 나는 그 사람이 너무 싫어요. 그리고 내가 그 사람과 섹스를 해야 한다고 말하는 당신도 싫어요."

나는 이해할 수 있다. 당신을 밀어내고 거절하고 비난하여 당신의 감정을 다치게 할 때, 그 사람 근처에도 가고 싶지 않은 것은 당연하다. 이해한다. 당신은 자기밖에 모르는 못난 사람과 결혼한 아내일 수도 있다. 당신은 통제하고 조종하는 아내와 결혼한 다정한 남편일지도 모른다. 그러한 것들이 그냥 털어버려서는 안 될 중요한 문제들이라는 것은 일말의 의심도 없는 진실이다.

아마 당신은 내 말을 받아들이기가 매우 어려울지도 모른다. 어쩌면 당신이 느끼는 모든 것과 반대되는 이야기일 수도 있다. 하지만 조금만 참고 들어보라. 육체적으로 배우자와 가깝게 느껴지지 않을 때도, 감정이 행동을 따른다는 것을 기억해야 한다. 〈요한계시록〉 2장 5절은 이렇게 말한다. "그러므로 어디서 떨어졌는지를 생각하고 회개하여 처음 행위를 가지라." 한때 누렸던 것을 다시 회복하기 원한다면, 당신이 그때 했던 일을 시작하라. 당신은 즐거웠기 때문에 결혼을 했다. 다시 즐거운 일을 시작하라. 하나님을 구하라. 두 사람이 함께 하나님을 추구하라. 건설적으로 싸우라. 당신은 즐거움을 누렸었고, 다시 그렇게 할 수 있다. 창의성을 발휘하라. 그것을 우선순위에 두라.

"하지만 저는 그러고 싶지 않아요! 게다가 직장에는 내 감정적인 필요를 채워주는 남자가 있어요. 그 사람이 제 남편보다 나은 것 같아요."

"제가 다니는 체육관에 한 여자가 있습니다. 그녀가 아마 제 아내보다 훨씬 더 재밌을 걸요?"

다른 집 잔디가 더 푸르게 보인다면, 당신 집 뜰에 물을 줘야 할 때다. 하나님이 허락하신 결혼에 투자하라. 하나님이 복으로 주신 아내와의 인생을 즐기라. 가야 할 길이 너무 멀게 느껴질지라도 "하나님으로서는 다 하실 수 있느니라"(마 19:26)는 말씀을 기억하라. 지금 이후로 그분을 함께 구하라. 당신이 하나님을 기쁘시게 할 때 그분은 당신이 누려야 할 것들을 주실 것이다.

결혼생활에서 하나님을 기쁘시게 하는 것은 우리에게 큰 즐거움으로 돌아온다.

에이미의 이야기

크레이그도 앞서 말했지만, 우리는 오랫동안 많은 즐거움을 함께 해왔다. 하지만 그러한 즐거움은 저절로 얻어진 것이 아니다. 우리는 어떻게 함께 시간을 보낼 것인지 열심히 구상했다. 아이가 생기기 전에는 여가시간에 체스를 두곤 했다. 그것은 오래 함께할 수 있는 훌륭한 게임이다. 물론 우리는 체스를 두면서 대화도 많이 나눴다. 걷거나 테니스를 치거나 운동을 하는 등의 단순한 것이라 해도, 함께 즐거운 시간을 보내기 위한 그러한 기회들이 관계를 회복하는 놀라운 대화로 진전되기도 한다.

그런 시간을 정기적으로 갖고 늘 우선순위에 두기 때문에, 우리의 결혼생활은 20년을 훌쩍 넘겼음에도 불구하고 그 어느 때보다 확고하다. 우리는 항상 최고의 친구였다. 서로에 대한 마음이 새롭게 이어지도록 끊임없이 노력하기 때문에 언제나 친밀함을 유지할 수 있는 것이다.

물론 방해거리들은 도처에 있다. 삶이란 그런 것이다. 유감스럽게도, 우리의 시간을 함께 지키는 것이 얼마나 중요한지를 실수를 통해 배워야 했다. 그렇지 않을 때, 단언컨대 당신은 관계에서 돌출되는 부정적인 영향을 맞닥뜨리게 될 것이다. 함께 시간을 보내지 않는다면 서로에게 용건만 알리는 짧은 대화만 나누게 된다. 공통된 관심사, 우리끼리만 아는 농담, 서로의 기분을 맞추는 방법. 이러한 것들을 잃어버릴 때 둘 사이에 거리가 생긴다. 마음속에서 느껴지는 거리 말이다.

내가 부부들에게 해줄 수 있는 가장 중요한 충고는 바로, 일정의 우선순위를 정하라는 것이다. 함께 보내는 귀중한 시간은 성장하는 관계에 있어서 매우 중요하다. 서로를 돌보지 않는다면, 그 기간이 아무리 짧았다 하더라도 관계가 심각하게 악화될 수도 있다. 점점 더 굳건해지는 결혼생활을 위해서는 의식적인 돌봄이 필요하다. 당신이 아주 바쁜 시기를 지내고 있다면 그것을 보통의 삶으로 받아들이라. 하지만 보통의 삶에 안주하지 말라. 사랑의 관계에 투자하는 것을 책임으로 받아들이라. 계획을 세우고, 일정을 잡고, 그것을 꾸준히 지키라.

처음에 두 사람을 서로에게로 이끌었던 것은 무엇일까? 분명 그것은 즐거움이었을 것이다. 지금이야 어떻든, 처음에는 아무리 자주 만나도 서로 질리지 않았다. 그 이유는 서로를 알고 싶었기 때문이다. 그때처럼 서로를 위한 시간을 내어 그 마음을 지켜야 한다. 깊은 관계를 위해 즐거운 시간을 만드는 것은 결혼생활의 다른 모든 영역에 긍정적인 영향을 미친다.

육체적인 친밀함은 함께 성장하는 과정과 밀접한 관련이 있다. 그리고 그것은 당신의 관계가 얼마나 건강한가에 대한 중요한 지표가 될 수 있다. 결혼생활에서 육체적인 친밀함이 문제가 되어왔다면, 분명 감정적인 유대의 측면도 소홀했을 것이다.

때로는 배우자에게 오래 전부터 응어리가 있을지 모른다. 하지만 당신에게 그런 문제가 있다면, 그리스도를 통해 치유를 구하기를 바란다. 하나님은 살아있는 능력의 말씀으로 당신의 생각과 마음을 온전히 새롭게 하실 수 있다. 그분은 내게도 동일하게 역사하셨다. 결혼생활에서 육체적인 친밀함은 거룩한 것이다. 그것은 그리스도 안에서 두 사람이 함께 성숙해나가는 강력한 방법이며 서로에 대한 사랑을 돌볼 수 있는 훌륭한 길이다. 건강한 육체적 친밀함을 피하는 것은 두 사람 모두에게 상처를 남길 뿐아니라 관계의 다른 면들에까지 부정적인 것들이 침투하도록 기회를 열어주는 것이다.

그러므로 즐거움을 결혼생활의 우선순위로 삼으라. 변화를 시작하라. 함께 웃고 끌어안고 위로와 기쁨을 얻기 위해 서로를 바라보며 서로에게 가장 좋은 친구였던 그때로 다시 돌아가라. 정직하게 내면을 들여다봤을 때, 그것이야말로 당신이 가장 원하는 것 아닌가? 그렇다면 누가 당신을 막겠는가?

하나님은 당신이 결혼생활에서 즐거움을 누리기를 바라신다!

From
This Day
Forward

네 번째.
순결함을 지키라

네 번째.
순결함을 지키라

"서로를 사랑하는 이들이 한 베개 위에서 쉰다는 것은
얼마나 행복하고 성스러운가."

– 나다니엘 호손

결혼한 지 4~5년쯤 지났을 때 나는 정말 멍청한 짓을 해서 에이미에게 상처를 줬다. (물론 당신은 믿기 어려울 것이다!) 나는 침실에서 텔레비전을 보고 있었고 에이미는 침실에 붙어있는 욕실에서 머리를 손질하고 있었다. 나는 침대에 앉아 리모컨으로 채널을 이리저리 돌려보는 중이었다. (남자라면 누구나 알 것이다. 채널을 돌릴 때는 텔레비전에서 뭐가 나오나 보려는 것이 아니라, 뭔가 **새로운 것**이 없나 보려는 것이다.) 아내는 욕실에서 내가 채널 돌리는 소리를 들을 수는 있었지만 볼 수는 없었다. 그리고 내가 하고 있는 일에 별로 신경 쓰지 않았다.

적어도 나는 그렇게 생각했다.

나는 계속해서 채널을 돌렸다. 농구, 골프, 낚시, 광고 채널을 무심히 쓱쓱 넘기고 있는데 해변에서 비키니를 입고 춤추는 여자들이 나왔다. 나는 거기서 채널을 멈췄다. 그리고 잠시 망설였다. 몇 초간 그 채널을 보면서 마음도 흔들리고 동공도 흔들렸다. 그러고는 다시 채널을 돌리기 시작했다. 경찰쇼 채널, 날씨 채널, 과학쇼 채널.

몇 분 후에 아내가 욕실에서 나왔다. 그녀는 내가 앉아있는 침대로 걸어오더니 나를 마주보고 앉았다. 처음에는 아무 말도 하지 않고 그냥 앉아서 내 눈을 쳐다봤다. 나는 채널 돌리는 것을 멈추고 그녀를 바라봤다. 그렇게 마주 앉아 아무 말 없이 서로를 바라보았고 어색한 정적이 한참 동안 이어졌다.

마침내 에이미가 입을 열었다. "당신 왜 그 채널에서 머뭇거렸어요?"

아내가 상처받았다는 것을 목소리에서 직감할 수 있었다. 나는 그럴 듯한 변명을 해보려고 머리를 이리저리 굴렸다. '리모컨이 갑자기 움직이질 않았어요'라고 할까, 아니면 '응? 아, 그 음악 프로그램 말이에요? 내가 아는 노래 같아서 기억나는지 보려고 잠깐 채널을 멈춘 거예요'라고 할까.

물론 그녀가 모를 리 없었다.

나는 눈도 제대로 마주치지 못했다. 텔레비전을 끄고 머리를 숙이고는 다 죽어가는 소리로 말했다. "그러지 말았어야 했는데, 미…… 미안해요 여보."

그녀는 다가와 내 턱에 손을 대고 부드럽게 내 고개를 들어올렸다. 눈이 마주쳤을 때 나는 그녀의 눈가에 맺혀 있는 눈물을 볼 수 있었다.

내가 할 수 있는 일이라곤 그녀와 마주보며 울지 않는 것뿐이었다. 마음이 아팠다. 그리고 아내는 내가 결코 잊지 못할 질문을 남겼다. 그녀가 조용히 물었다. "그럴 만한 가치가 있나요?"

쾌락의 대가

"그럴 만한 가치가 있나요?" 당신은 에이미의 질문에 대한 정답을 알고 있을지도 모른다. 나를 포함해 유혹 가운데 있는 모든 사람들을 위한 답 말이다. 하지만 답을 알고 있는 것과 실제로 그렇게 사는 것 사이에는 어마어마한 간격이 존재한다.

수많은 사람들이 언젠가 결혼할 날을 소망하고 꿈꾸고 계획한다. 당신은 그들 중 하나이거나 그랬던 때를 추억하고 있을지도 모른다. 사람들은 남은 인생 동안 사랑하고 헌신할 특별한 한 사람을 찾기 위해 엄청난 에너지를 쏟는다. (바로 그것이 이 책을 읽는 이유일지도 모르겠다.) 또한 모든 면에서 완벽한 결혼식을 만들기 위해 막대한 돈과 시간을 할애한다.

약혼을 한 사람들은 하나같이 행복한 결혼생활을 위한 계획을 세운다. 하지만 바람을 피워 배우자를 배신하겠다고 작정하는 이들은 적어도 내 주변에서는 본 적이 없다. 포르노에 미친 듯이 집착하거나 다른 사람들과 가벼운 잠자리를 즐겨야겠다고 처음부터 작정하는 이들도 본 적이 없다. 하지만 통계적인 자료들이나 현대 문화가 암시하는 메시지를 들여다볼 때, 행복 추구를 위해서라면 무슨 일을 해도 괜찮다는 개념이 널리 수용되고 심지어 요구된다는 것을 알 수 있다. 가벼운 만남들, 본격적인 외도, 온라인에서 만난 사람에 대한 감정적 애착, 음란물에 대한 집착 등, 사람들은 자신을 기분 좋게 해줄 무언가를 원한다. 우리는 모두 판타지를 탐험해보고 성적으로 만족하길 원한다. 그렇지 않은가? 지금은 21세기니까 말이다!

내가 무슨 말을 하는지 알겠는가? 이처럼 모순되고 통제불능한 일들이 자신의 삶에 일어나길 계획했다고 말하는 사람은 없을 것이다. (적어도 우리가 존경하는 사람들 중에는 말이다.) 하지만 통계상으로는 분명, 최대 75퍼센트의 사람들이 결혼 이후에도 이런 일들 중 적어도 한 가지에는 얽혀 있는 것으로 보인다. (한 가지 이상인 사람들도 있다.) 어떻게 그럴 수 있을까? 아무도 계획하지 않는데, 결국 결혼생활을 심각하게 훼손하고 파괴할 수도 있는 이런 행동들에 많은 사람들이 휘말리는 까닭은 무엇일까?

연인들이 헤어지는 이유로 가장 많이 꼽는 것은 바로 배신이다. 상대를 속이고 바람을 피우는 것 말이다. 하지만 이 사회는 서로를 배신하도록 사람들을 조련해가고 있다.

대부분의 사람들은 무엇이 옳은지 아는 것과 행하는 것 사이의 공간이 늪과 같은 모래구덩이로 채워져 있음을 인식하지 못하는 것 같다. 매일 서로에 대해 순결함과 성실함을 지키며 견고하고 튼튼한 다리를 세워야 하는데, 많은 사람들이 그 사이를 지나는 방법을 안다고 믿는다. 그들은 한 걸음씩 내딛을 때마다 질척이는 끈적끈적한 늪으로 조금씩 가라앉는다. 그리고 결국 늪에 잠겨 방향감각을 잊어버리는 것이다. 쾌락을 향한 작은 발걸음들 때문에 거룩한 결혼생활에서 조금씩 멀어지게 되었다는 사실을 망각한다. 한 번의 문자메시지, 한 번의 유혹, 한 번의 웹 사이트 방문, 한 번의 클릭, 한 번의 자극적인 판타지.

이러한 선택들은 결혼생활의 독이 될 뿐 아니라 하나님과의 관계에서도 무척 해롭다. 〈히브리서〉 13장 4절은 아마도 결혼생활

의 순결함을 가장 직접적으로 다루는 구절일 것이다. **"모든 사람**
은 결혼을 귀히 여기고 **침소를 더럽히지 않게 하라** 음행하는 자
들과 간음하는 자들을 하나님이 심판하시리라."

결혼은 모든 사람에게 귀한 것이어야 한다. '모든 사람'이란 무
엇을 의미하는가? 어려운 질문이 아니다. 그것은 하나님이 결혼
을 한 사람도, 아직 결혼을 하지 않은 사람도, 결혼서약을 귀히
여기기를 바라신다는 뜻이다. 순결함은 분명 하나님께 매우 중요
한 것이다. 또한 당신이 기혼자든 앞으로 결혼하려는 미혼자든,
순결함은 당신의 결혼생활에 매우 중요한 것이다. 나는 독자들
모두가 이에 동의할 것이라고 생각한다.

그렇다면 한 가지 더 물어보자. 당신은 외도가 항상 잘못된 것
이라고 생각하는가? 역시 어려운 질문이 아니다. 대부분의 사람
들은 이 질문에 '그렇다'고 대답할 것이다. 최근 조사에 따르면, 미
국인의 90퍼센트는 외도란 **항상** 잘못된 것이라는 의견을 밝혔다.
그런데 놀랍게도, 수십 년 전에는 그 수치가 지금보다 더 낮았다.
다시 말해 이전 세대에서는 특정 상황에서 외도를 용인할 수 있
다고 믿는 사람들이 더 많았다는 것이다. 하지만 이상한 것은, 요
즘에는 외도가 잘못된 것이라고 믿는 사람들이 더 많지만 실제로
외도를 하는 사람들은 훨씬 많아졌다는 사실이다.

캘리포니아 대학교에서 실시한 연구조사에 따르면, 1998년부터 2008년까지 10년간의 외도 비율이 그 이전 10년에 비해 두 배로 증가했다고 한다. 나는 이 통계가 우리에게 경종의 메시지가 되길 바란다. 분명 우리는 잘못된 길로 가고 있다. 방향을 어떻게 바꿀지 논의하기에 앞서, 왜 이런 일이 벌어지고 있는지 먼저 살펴볼 필요가 있다. 과거에 비해 현재 더 많은 사람들이 외도를 저지르고 있는 이유는 수없이 많겠지만, 우리가 통제할 수 있는 몇 가지 영역들에 초점을 맞춰보기로 하자.

이혼 연습

오늘날 외도하는 사람들이 더 많아진 가장 큰 이유는 예전에 비해 더 많은 유혹에 노출되고 있기 때문이다. 빠질 수 있는 문제 자체도 다양해졌지만, 우리를 걸려 넘어지게 하는 수단들도 접하기가 훨씬 쉬워졌다.

교회에서 나는 수많은 부부들을 만난다. 그 중에는 온라인상에서 '순수한' 대화를 주고받다가 외도에 빠진 사람들도 있다. 아무런 해로울 것이 없어 보여도 트위터에서 유머감각이 비슷한 사람을 팔로우하거나, 페이스북에서 옛 애인을 만나거나, 인스타그램에서 누군가의 매력적인 사진을 보는 것은 그저 미끼에 지나지 않는다. 기분 좋게 시작했던 교류는 거기서 쉽게 멈추지 않는 것이다.

당신은 결국 그것을 사적인 감정으로 발전시키고 대화를 시도하거나 메시지를 보낸다. 처음에는 당황스러워 증거를 없애고 다시는 그러지 않겠다고 결심한다. 하지만 누군가로부터 도움을 받거나 투명성을 유지하지 않는다면, 시간이 흐르면서 그것은 당신이 미끼를 물 때까지 계속해서 당신을 유혹할 것이다. 온라인상에 없을 때도 말이다! 유혹에 빠질 수 있는 이러한 기회들은 10년 전만 해도 존재하지 않았다.

하지만 그것이 페이스북의 문제이겠는가? 바로 우리의 문제다.

페이스북, 트위터, 인스타그램은 그저 몇몇 예일 뿐이다. 온라인상에서 당신에게 미끼를 던지며 손짓하는 것들은 수없이 많다. 외도를 조장하고 들키지 않게 바람을 피우도록 도움을 주는 웹 사이트도 있다. 크레이그스리스트Craigslist에 가보라. 텔레비전도 살 수 있고 중고 타이어도 살 수 있지만 하룻밤 상대도 살 수 있다. (내 이름이 크레이그이긴 하지만, 나와 크레이그스리스트는 아무 관련이 없다.)

스마트폰과 태블릿 컴퓨터 또한 큰 유혹거리다. 내가 어렸을 때만 해도 포르노를 보기 위해서는, 자신의 아버지나 형이 포르노를 숨겨놓은 장소를 알고 있는 친구가 필요했다. 하지만 지금은 열한 살짜리 소년도 자신의 스마트폰이 (혹은 스마트폰을 가진 친구가) 있다. 몇 번만 손가락으로 두드리면 보고 싶은 그 어떤 것이라도 액정 속에 곧 나타난다. 하루 24시간 언제라도 포르노물에 접근하게 해주는 기기가 늘 손 안에 있는 것이다. 얼마나 편리한가! 이러한 유혹들은 사람들을 매일 무너뜨리고 관계를 파괴하고 그들의 인생을 좀먹고 있다.

오늘날 더 많은 유혹이 존재하는 또 다른 이유는 결혼의 평균 시기가 점점 늦어진다는 점이다. 결혼을 늦게 하는 것 자체는 문제가 안 되지만, 결혼을 늦게 하려는 사람들이 많아지면서 독신으로 산다는 것의 의미가 근본적으로 달라졌다.

간단한 논리다. 결혼 시기를 늦추게 되면 더 많은 이들과 데이트를 하게 된다. 당신이 순결을 지키기로 결심했다고 해도, 더 많은 이들과 데이트를 하게 되면 더 많은 유혹에 노출되고, 또한 기준을 타협하게 될 소지가 많아진다. 잘 무장돼 있던 사람들도 항복하는 상황이라면, 더 많은 이들과 데이트를 한다는 것은 더 많은 이들과 잠자리를 하게 된다는 것을 의미한다. 그리고 더 많은 이들과 잠자리를 한다는 것은 더 많은 성적인 방해물을 안고 결혼생활을 시작하게 된다는 의미다.

요즘 시대에 헤어지는 것이 왜 어떤 큰 고통을 남기는지 아는 가? 그것은 바로 결혼하지 않은 사람들이 결혼한 사람들에게 허락된 일을 하고 있기 때문이다. 그것은 충분히 자명한 일이다. 당신은 한 명, 두 명 혹은 여덟, 열둘, 열일곱 명과 부부들의 일을 한다. 그러다가 어느 날 '진짜' 배우자를 만나 결혼을 한다. 그런데 결혼생활이 순탄치 않으면 어떻게 될까? 지난 수년간 당신이 연습해 온 그 지점으로 다시 돌아간다. 신경을 쓰지 않고 떠나는 것 말이다. 몰랐겠지만, 당신은 그 수많은 연인들을 대상으로 내내 이혼을 연습했던 것이다.

우리가 이미 보았듯이 모든 사람을 향한 하나님의 기준은 결혼을 위한 침실을 정결하게 지키는 것이다. 이것은 매우 간단한 문제다. 다시 말해 '부부들의 일'은 결혼한 사람들에게만 허용된 것이다. 하지만 요즘 시대에는, 그것이 하나님의 뜻이 아님을 알면서도 미혼자들은 기혼자들에게 허락된 일들을 주저하지 않고 행한다. "사랑해 자기야! 정말 당신 밖에 없어." 사실 이 말은 다음과 같은 뜻일 것이다. "당신이 내 운명이야. 지금은 그런 것 같아. 그런데 사실은…… 몇 번째더라? 열여섯 번째던가? 아, 아니다. 열일곱 번째 '운명'이야. 하지만 어쨌든 오늘은 당신이 내 운명이니까, 그 정도면 만족하지? 사랑해."

설령 우리 자신은 그렇지 않다 하더라도 주변 친구들 중에 이런 관계를 가지고 있는 사람들을 흔히 볼 수 있다. 그것은 '평범한' 데이트로 시작한다. 하지만 서로에게 호감을 가지고 있으면 주로 육체적인 끌림에 의해 점점 더 많은 것들을 허용하게 된다. 하나의 행동이 다른 행동을 낳고, 당신은 결국 나체 체조 경기의 커플 부문에서 메달을 따려는 선수가 되어 있을 것이다. (거북한 척하지 말라. 당신도 다 아는 사실이다.)

　(굳이 당신이 부인하겠다면) 당신의 친구들에 대해 이야기해보자. 당신은 남녀관계에 대한 친구들의 나쁜 조언을 분별할 수 있어야 한다. 만약 "시험주행도 안 해보고 자동차를 살 수는 없잖아, 안 그래?"라고 당신 친구가 말한다면 이렇게 대답하길 바란다. "당연한 소리지! 그런데 자동차와 사람이 다르다는 걸 설마 모르지는 않겠지? 이상한 소리 좀 하지 마."

　사람은 살아있지만 자동차는 그렇지 않다. 사람은 감정과 생각과 영혼을 가지고 있다. 자동차와 당신이 감정적으로 연결될 수는 없다. 주행거리가 너무 올라간 자동차를 마음에 드는 신형 자동차로 바꾼다고 해서 옛 자동차가 상처받을 일은 없다. 자동차를 실컷 이용하고 차버렸다며 후회와 죄책감에 시달릴 일도 없고, 먼 훗날 나이가 들었을 때 곁에 자동차가 없으면 죽고 싶어질 것 같아 근심할 일도 없다. 시험주행을 할 수 있는 곳은 딱 한 군데, 자동차 판매소밖에 없다.

식중독

지금까지 이야기한 것들을 기억하면서, 우리가 할 수 있는 일들을 생각해보자. 순결에는 두 가지 종류, 즉 내적 순결과 외적 순결이 있다. 내적 순결은 우리 마음속에서 일어나는 것들이다. 우리가 생각하기로 혹은 느끼기로 선택한 것들 말이다. 외적 순결은 우리의 행동이다. 우리가 하기로 혹은 하지 않기로 결정한 것들을 뜻한다. 먼저 외적 순결에서부터 이야기를 시작해보자.

바울은 이렇게 말했다. "음행과 **온갖** 더러운 것과 탐욕은 너희 중에서 그 이름조차도 부르지 말라 이는 성도에게 마땅한 바니라"(엡 5:3). 이 말은 우리의 행동에 음행과 더러운 것의 흔적이 조금도 있어서는 안 된다는 뜻이다. 왜 작은 것이 큰 문제로 변하는가? 더러운 것은 독과 같기 때문이다. 소량으로도 목숨을 빼앗길 수 있다. 아주 작은 더러움도 결혼생활을 파탄으로 몰고 갈 수 있는 것이다. 당신은 결혼생활에서 그 어떤 작은 양의 독도 허용해서는 안 된다.

이렇게 생각해보라. 우리가 다루고 있는 것은 "여기 내 물에 먼지가 좀 들어갔어!"가 아니라 "이봐! 내 물에 쥐약이 들어갔다고!"라는 수준의 문제다. 당신은 어떨지 몰라도 나는 쥐약이 들어간 물을 마시고 싶지는 않다. (맛이 이상할 뿐 아니라 죽을 수도 있지 않은가.) 그것은 당신 접시에 있는 으깬 감자가 프라이드치킨에 닿아있는 수준이 아니라, 복통을 앓는 고양이가 웅크리고 앉아 있다가 당신의 접시 위에 설사를 한 것과 같은 문제다. 물론 상상하기도 싫은 끔찍하고 더러운 장면이다. 하지만 그것이 바로 이 구절의 의미다. 당신 결혼생활에 있어서 음행과 더러운 것을 허용한다면 **그 종류나 양을 막론하고** 얼마나 끔찍한 결과를 낳을 수 있는지 반드시 기억해야 한다.

고양이가 망쳐놓은 구역질나는 음식을 먹으려는 사람이 있을까? 아마도 그것은 듣도 보도 못한 심각한 식중독을 유발하게 될 것이다. 마찬가지로 배우자와의 관계에 끼어드는 아주 작은 음행에 대해서도 심각성을 느껴야 마땅하다.

요지가 잘 전달됐으리라 믿고, 여기서 잠깐 당신의 결혼생활에 독이 되는 것들을 알아보기 위해 퀴즈를 내보겠다. 내가 제시하는 예를 듣고 그것이 음행에 해당하는지 한번 생각해보라. 너무 품위를 지키려 하지 말고 솔직히 대답하라. 난이도가 높아질수록 점점 더 당신의 정곡을 찌를지도 모른다. 준비됐는가? 시작해보자.

기혼자인 당신은 회사 동료와 잠자리를 했다. 이것은 음행인가?

정답은 '그렇다'이다.

기혼자인 당신은 베이비시터와 잠자리를 했다. 이것은 음행인가?

정답은 물론 '그렇다'이다.

기혼자인 당신은 당신 집앞을 청소해주는 잘생긴 남자와 잠자리를 했다. 설상가상 그 사람은 멋진 식스팩 복근을 가지고 있는데 셔츠까지 벗은 상태였다. 이것은 음행인가?

이 문제만큼은 양보해주고 싶지만, 이번에도 정답은 '그렇다'이다.

당신은 직장에서 '째끈한 영계들의 일탈'이라는 제목의 웹 사이트를 보고 있다. 이것은 음행인가?

그 웹 사이트가 닭 요리법을 가르쳐주는 곳이 아니라면 정답은 '그렇다'이다.

당신은 마음속으로 안젤리나 졸리나 브래드 피트를 갈망한다. 'SOS 해상구조대'남녀로 이루어진 해상구조대의 이야기를 담은 미국 드라마_옮긴이에 나우는 여자들 혹은 '원 디렉션'One Direction, 영국의 남성 5인조 밴드_옮긴이의 미소년들을 상상한다. 혹은 이들 모두를 한꺼번에 원하고 있을지도 모른다. 이것은 음행인가?

정답은 모두 '그렇다'이다.

당신은 요즘 유행하는 꼭 붙는 짧은 옷을 입는다.

당신은 그런 스타일을 세련되고 섹시하다고 말할지 모른다. 혹은 하나님이 (혹은 성형외과 의사가) 준 선물을 자연스럽게 과시할 뿐이라고 주장할지 모른다. 답은 무엇인가?

자극적인 옷을 입는 것. 이것은 음행인가?

정답은 '그렇다'이다.

내 말을 오해하지 말라. 옷도 잘 입지 말고 성형수술도 하지 말라는 뜻이 아니다. 솔직히 그것은 내가 관여할 문제가 아니다. 다만 나는 **왜** 그렇게 입는가, **왜** 성형수술을 하는가를 묻는 것이다. 이것은 중요한 문제다. 배우자가 아닌 다른 사람과 잠자리를 하고 싶다는 이유는 아닐지 몰라도, 〈고린도전서〉 8장에서 말하는 것처럼 당신은 연약한 자들을 넘어뜨리고 있다. 형제와 자매가 실족할 구실을 제공하고 있는 것이다. 당신이 그렇게 할 때는, 특히 그것이 고의일 때는, 그 사람에게 죄를 짓는 셈이다. 성경에서는 당신이 그리스도께 죄를 짓는 것이라고 말한다. 이는 심각한 일이다. 그러므로 자극적인 옷을 입는 것은 결혼을 위한 침실을 정결하게 지키는 것을 방해한다.

만약 당신이 배우자 없이 혼자 출장을 갔을 때 밖에 나가 야릇한 춤을 췄다고 생각해보자. (그렇게 추잡한 춤은 아니었다.) 옷을 벗거나 테이블 위로 올라간 것은 아니다. 그저 즐겁게 춤을 추고 약간의 시선을 받았을 뿐이다. 게다가 춤은 좋은 운동 아닌가. 이것은 음행인가?

정답은 '그렇다'이다. 운동을 하고 싶다면 헐렁한 땀복을 입고 조깅을 하라. 당신은 유혹의 자리에 자신을 방치하는 것이다. 그것은 현명하지 못하다.

당신은 요즘 주변 모든 사람들이 《그레이의 50가지 그림자》Fifty Shades of Grey, 시공사, 노골적이고 파격적인 성묘사로 '엄마들의 포르노'라는 별명이 붙은 에로틱 소설_옮긴이를 읽고 있다는 이야기를 들었다. 혹은 동네 독서모임에서 이 책을 읽는다는 이야기를 들었다. 당신은 어떻게 생각하는가? 당신도 읽어야 할까? 이것은 음행인가?

정답은 물론 '그렇다'이다.

그것이 왜 음행인지에 대한 내 생각은 이렇다. 당신은 그것이 결혼생활을 좀 더 뜨겁게 해줄 수 있다며 변명할지 모른다. 하지만 말 그대로 변명일 뿐이다. 그것은 엄마들의 포르노다. 당신 남편이 그런 책을 읽기를 원하는가? 물론 그렇지 않을 것이다. 왜냐하면 그것은 고양이의 설사이기 때문이다. 그것은 결혼생활의 독이다. 하나님의 섭리에는 '그레이의 50가지 그림자'란 존재하지 않는다. 흑과 백이 있을 뿐이다. 옳고 그름이 있을 뿐이다. 시대에 맞지 않는 극단적인 말처럼 들린다면 미안하다. 하지만 이것을 한

번 생각해보라. 당신은 결혼생활에 독이 있길 원하지 않을 것이다. 아주 작은 양이라도 말이다.

극단적인 기준

독이 끼어들지 못하도록 주의하는 것만으로는 충분치 않다. 우리는 또한 쉽게 독으로 변할 수 있는 것들을 피해야 한다. 과학자들은 특정 조건에서 독성을 띠게 되는 특정 물질의 힘을 가리켜 '잠복 독성latent toxicity'이라 부른다. 이것은 때로 장기간에 걸쳐 축적된 결과일 수도 있고, 압력이나 온도와 같이 특정상황에서 발생하는 것일 수도 있다. 바울은 이러한 위험들에 대해 경고한다. "음행을 피하라 사람이 범하는 죄마다 몸 밖에 있거니와 음행하는 자는 자기 몸에 죄를 범하느니라"(고전 6:18).

바울은 음행을 즐기라고 이야기하는가? 그렇지 않다! 음행을 피하라고 그는 단호히 말한다. 적당히 외면해서는 안 된다. 도망쳐라! 전력 질주하라! 꽁무니를 빼고 달아나라! 최대한 빨리 벗어나라! 절대 뒤돌아보지 말라!

당신은 이렇게 생각할지도 모른다. '대체 무슨 소리야? 내 몸은 내가 원하는 대로 할 수 있는 거지.' 그 말이 맞다. 만약 당신이 그리스도를 모른다면, 원하는 대로 해도 된다. 하지만 당신이 그리스도인이라면 기준이 다르다. 당신은 '내 몸은 내가 원하는 대로 할 수 있는 거지'라고 말할 수 없다. 바울은 자신의 말에 반기를 드는 사람들이 있을 것을 예상했다. "너희 몸은 너희가 하나님께로부터 받은바 너희 가운데 계신 성령의 전인 줄을 알지 못하느냐 너희는 너희 자신의 것이 아니라 값으로 산 것이 되었으니 그런즉 너희 몸으로 하나님께 영광을 돌리라"(고전 6:19~20).

예수님도 비슷한 말씀을 하셨다. "만일 네 오른 눈이 너로 실족하게 하거든 빼어 내버리라······ 만일 네 오른손이 너로 실족하게 하거든 찍어 내버리라 네 백체 중 하나가 없어지고 온 몸이 지옥에 던져지지 않는 것이 유익하니라"(마 5:29~30). 예수님의 이 말씀은 문자 그대로의 의미일까? 그렇지 않을 것이다. 만약 그렇다면, 외팔과 외눈만 가진 사람들이 이리저리 돌아다니고 있을 것이다. 그리고 왼쪽 눈만 남았는데 그것마저 당신을 실족하게 한다면······. 하나님의 도우심이 있기를!

나는 예수님의 말씀이 문자 그대로의 의미라고 생각하지 않는다. 예수님은 그것이 얼마나 중요한 일인지 알려주고자 하셨던 것 같다. 즉, 죄를 짓게 만드는 것은 무엇이든 심각하게 다뤄야 한다고 말씀하고 계신 것이다. 우리는 그것으로부터 멀찌감치 떨어져 있어야 하고 그것을 피해야 한다. 더 좋은 방법이 있다면 아예 처음부터 그것을 가까이 하지 않는 것이다. 그것은 방사능이 있는 독과 같다.

당신에게 어떻게 보일런지는 모르겠지만, 나의 삶에는 몇 가지 경계가 있다. 첫 번째는 어떤 상황에서도 아내나 딸들 이외의 다른 여성과 단둘이 있지 않는다. 한 명의 여성만 상담하는 법도 없다. 여성을 태우고 차로 5분 이상 이동하지도 않으며 여성과 단둘이 점심을 먹지도 않는다. 쉽게 말해, 나와 관련이 없는 여성과 단 둘이 있는 상황을 만들지 않고 이 규칙을 철저히 지킨다.

다른 안전장치가 있다면, 교회에서든 집에서든 내가 사용하는 모든 컴퓨터의 인터넷 사용기록을 모니터할 수 있는 환경을 만든 것이다. 내가 사용하는 소프트웨어는 내가 클릭을 할 때마다 그 기록을 다른 두 사람에게 전송한다. 두 사람은 모두, 내가 하는 행동이 나의 인격, 결혼생활, 하나님과의 관계를 훼손할 기미가 보인다면 언제든 나를 해고할 수 있는 위치에 있는 사람들이다.

나에게는 또한 두 명의 책임 파트너^{accountability partner, 궤도에서 이탈하지 않고 특정 윤리나 행위에 충실할 수 있도록 격려하고 동기를 부여해주는 파트너_옮긴이}가 있다. 아내가 자신의 책임 파트너라고 말하는 사람들도 있지만 적어도 나의 경우는 아니다. 별로 좋은 생각이 아닐 뿐더러 그것이 아내를 힘들게 하기 때문이다. 아내에게 그런 부담을 지우는 것은 그녀를 불편한 상황으로 내모는 것이나 다름없다. 또한 안 좋은 점은 그것이 관계의 흐름에 부정적인 영향을 준다는 것이다. 나의 책임 파트너인 두 명의 남성은 언제나 나에게 열려있고 솔직한 사람들이다. "왜 하필 두 명의 남성인가?"라고 질문할지도 모르겠다. 이유는 간단하다. 나는 필요하다면 내 엉덩이를 걷어차 줄 수 있는 사람이 필요하다. 하지만 자진해서 내 엉덩이를 걷어찰 수 있는 사람이 주위에 별로 없기 때문에 내가 신뢰할 수 있는 두 남성을 선택했다.

또 다른 안전장치 하나는 내 스마트폰에 잠금 설정을 해놓는 것이다. 앞서 나는 하루 24시간 내내 인터넷에 접속할 수 있는 환경의 위험성에 대해 지적했었다. 내 스마트폰은 잠금 설정이 되어 있고 책임 파트너들만이 암호를 넣어 풀 수 있다. 또한 기본 브라우저와 유혹이 될 만한 특정 앱들은 차단되어 있다. 그리고 브라우저를 따로 설치했는데, 필요할 때 인터넷에 연결할 수는 있지만 특정 사이트들은 걸러진다. 또한 스마트폰으로 내가 보는 모든 것들에 대한 기록이 책임 파트너들에게 전송된다.

틈을 조심하라

위의 기준은 나에게는 좋지만 당신에게는 너무 극단적인 이야기로 들릴 수도 있다. 문제가 많은 방법이라고 생각할 수도 있다. 꼭 찾아봐야 할 것들, 예를 들어 프라이드치킨 요리법이나 팬케이크 사진 등이 있을 때는 이 방법이 실제로 불편할 것이다. 아마 당신은 나에게 이런 질문들을 던지고 싶을 것 같다. "크레이그, 당신 정말로 그렇게 약한 사람인가요? 감시하는 사람이 없으면 음란물을 보려고 하는 그런 사람인가요?"

내가 할 수 있는 정직한 대답은 "그렇지 않다"이다. 이 글을 쓰고 이런 문제들을 생각하고 있는 지금, 나는 여러 가지 면에서 좋은 상태에 있다. 결심이 확고하고 예수님과의 관계도 좋고 모든 것이 순조롭게 돌아가고 있다. 그렇다면 무엇이 걱정인가? 정직하게 생각해 본다면 삶의 모든 순간이 그렇게 좋을 수만은 없기 때문이다. 나도 마찬가지다. 나도 때로 지치고 상처받고 화가 나고 자신이 한심해 보일 때가 있다. 모든 사람이 그렇듯이 말이다. 하지만 약해져 있는 이런 찰나의 순간에 유혹으로 넘어갈 수 있는 모든 문들을 완전히 철저하게 차단해 두고 있다. 강한 크레이그가 약한 크레이그를 위해 조심하는 것이다.

나는 당신에게도 이 방법을 권하고 싶다. 당신은 자신의 약한 부분을 잘 알고 있다. 당신이 강한 상태일 때, 하나님과 배우자를 존중하는 순결한 삶을 추구하고 있을 때 해결책을 마련해두

라. 언제나 조심하고 깨어 있으라. 런던 지하철의 잘 알려진 모토가 있다. "틈을 조심하라!" 이 모토는 통근자들이 플랫폼과 선로 사이에 있는 틈에 빠지지 않도록 지속적으로 주의를 일깨워준다. 우리는 자신의 플랫폼에서 선로 밑으로 떨어지지 않기 위해 언제나 같은 마음가짐을 유지해야 한다. 나중에 자신을 보호하려면 지금 해야 할 일을 하라. 약한 순간들을 위해 방어선을 구축하라. 부정으로 이끄는 모든 길을 차단하라. 모든 틈을 봉쇄하라. 그렇다면 훗날 자신에게 감사하게 될 것이다.

내 주위에는 페이스북 계정을 각자 개설하지 않은 몇몇 부부들이 있다. 한 계정을 같이 사용하면서 페이스북 활동을 서로 보고 유혹의 가능성을 제거하는 것이다. 어떤 것도 숨기지 않고 자신의 배우자가 언제든지 점검할 수 있도록 컴퓨터와 전화의 비밀번호를 공유하는 부부들도 많다.

어떤 사람들은 이렇게 결심한다. "우리 집에는 부도덕하고 문제가 될 만한 그 어떤 것도 없었으면 합니다. 오락과 여흥 시간을 줄이겠습니다. 가끔 영화나 드라마를 보긴 하지만 선택적으로 볼까 합니다. 우리를 성숙하게 하고 믿음을 강화시키고 가족시간을 늘리고 관계를 돈독하게 만들어주는 것들만 보려고 합니다." 어떤 이들은 그것도 충분하지 않다고 생각한다. 그래서 유혹에 넘어가게 할 만한 기기나 연결점들을 아예 제거해버린다. 너무 극단적이라고 말하는 사람도 있을 것이다. 하지만 나는 이것이 굉장히 지혜로운 일이라 생각한다.

거룩한 지혜를 발휘하라. 지금 이후로, 당신을 문제로부터 멀어지게 할 수 있는 결정들을 하라. 하나님의 관점에서 당신의 행동을 살펴보라. 당신의 결정이 하나님을 기쁘시게 하는가? 당신이 하고자 하는 선택과 행동이 약한 지체들을 넘어지게 하는 것은 아닌가? 당신이 이미 알고 있는 옳은 일들을 선택하라.

죄의 드러남

외적인 순결은 사람들이 볼 수 있는 것이지만, 내적인 순결은 하나님과 당신 사이의 문제다. 내적인 순결은 당신이 생각하고 느끼는 것, 마음속에서 일어나는 것과 관련이 있다.

외적인 순결을 지키기 위해 최선을 다해도 우리는 이따금씩 실패한다. 그 이유는, 이 세상의 유혹을 극복할 충분한 힘이 우리의 내면에 없기 때문이다. 아무리 좋은 해결책도 행동이 따르지 않으면 소용이 없다. 하나님이 우리의 마음을 변화시키시도록 내어드리고, 죄성이 아닌 내면에서 흘러나오는 힘으로 순결한 삶을 살아야 한다.

가끔은 하나님이 원하는 삶을 살겠다고 몸부림치는 사람이 나 혼자뿐인 것 같은 느낌이 들 때가 있다. 주위 사람들을 둘러보면 그냥 자연스럽게 옳은 일을 행하는 것처럼 보인다. 그럴 때는 다윗 왕의 말을 통해 격려를 얻기를 바란다. "청년이 무엇으로 그의 행실을 깨끗하게 하리이까 주의 말씀만 지킬 따름이니이다 내가 전심으로 주를 찾았사오니 주의 계명에서 떠나지 말게 하소서 내가 주께 범죄하지 아니하려 하여 주의 말씀을 내 마음에 두었나이다"(시 119:9~11).

사방이 유혹으로 가득한 이 세상에서 이것은 참 중요한 질문이다. 내가 무엇으로 행실을 깨끗하게 하리이까? 다행히 다윗은 답을 알고 있었다. 다윗이 사용했던 다음 세 가지 전략을 기억하고 당신의 삶에 적용할 수 있길 바란다.

첫째, 주의 말씀을 따라 사는 것이다. 다윗은 "주의 말씀을 내 마음에 두었나이다"라고 말한다. 다윗은 하나님의 말씀을 아는 것만이 그분의 말씀을 따라 살 수 있는 유일한 방법이라고 생각했다. 그래서 **자신이** 할 수 있는 일, 즉 하나님의 말씀을 아는 일에 시간을 드렸다. 그는 하나님 말씀에 대한 사람들의 이야기를 듣는 데서 그치지 않고 스스로 그것을 구하고 찾았다. 그리고 말씀을 가볍게 읽기만 한 것이 아니라, 그것을 마음에 간직하고 외우고 기억했다. 필요할 때 언제든지 꺼낼 수 있도록 말이다.

둘째, 다윗은 하나님의 완전한 기준을 끊임없이 갈망했다. 그는 절박하게 외친다. "주의 계명에서 떠나지 말게 하소서. 이제 내가 주께서 기뻐하시는 것을 아오니 내가 그것을 행할 수 있도록 도우소서! 나의 발걸음을 인도하시고 주께로 나아가는 길에서 벗어나지 않게 하소서."

셋째, 다윗은 하나님께로 향하는 발걸음을 내딛었고 삶의 순간순간 방향을 잃지 않도록 하나님을 의지했다. "내가 전심으로 주를 찾았사오니"라는 말은 다윗이 기도를 했다는 뜻이다. 하나님의 말씀을 읽었기 때문에 하나님이 그에게 무엇을 원하시는지 알았고, 다윗은 자신이 원하는 것이 바로 그것이라 생각했다. 다윗에게 남은 마지막 숙제는 하나님과의 관계를 지키는 것이었다.

우리가 하나님의 말씀을 공부하고 그분의 뜻대로 살기로 작정하고 기도로써 그분을 구할 때, 하나님의 말씀은 우리의 마음과 생각을 변화시킨다(롬 12:2). 음란, 탐심, 이기심, 육신의 정욕과 같이 우리를 유혹하던 것들은 혐오의 대상이 된다. 시간이 지날수록 위험 요소와 독성이 있는 것들로부터 거리를 두고 살아가는 것이 점점 쉬워진다. 하나님과의 관계와 결혼생활의 친밀함을 깨뜨릴 수 있는 것들을 단번에 알아차리게 된다. 우리를 매혹시키던 바로 그것들이 불쾌해지기 시작한다. "나는 그것을 원하지 않아! 그것은 독이고 고양이의 설사와 같은 거야!" 사탄보다, 그리고 고양이의 설사보다 끔찍한 것이 또 있을까?

많은 사람들이 잘못된 곳에 선을 긋는다. 그들은 이렇게 말한다. "나는 지금부터 죽는 날까지 아내에게 충실할 거야. 내 인생에 외도 같은 건 없어." 하지만 간통을 저지르게 됐을 때는 이미 다른 수많은 죄의 선을 넘은 후라는 것을 그들은 이해하지 못한다. 죄는 바깥에서 시작되는 것이 아니라 마음속에서 시작된다.

매혹적인 사람이나 대상을 볼 때 당신은 시선을 거두지 않고 '음, 보기 좋군'이라고 생각한다. 그것은 정욕이다. 그리고 정욕은 죄다. 실제로 간음을 하는 것은 아니어도, 당신은 마음속에 있는 말을 겉으로 드러낼지도 모른다. "당신처럼 몸매가 끝내주는 사람들은 미리 경고문이라도 좀 붙여야 하는 거 아닌가요?"라는 식으로 말이다. 배우자가 있으면서 이렇게 교제가 가능하다는 듯 암시하는 것은 상대방의 관심을 끄는 행위다. 그것은 죄다.

어쩌면 당신은 아무런 행동도 하지 않을지 모른다. 그저 욕망의 대상을 바라보고 머릿속으로 계속 떠올릴 뿐이다. "와! 저 사람을 집에 데려갈 수만 있다면 얼마나 좋을까." 이는 모든 생각을 사로잡아 그리스도에게 복종하는 것이라 할 수 없다(고전 10:5).

판타지를 즐기는 것 또한 죄다. 위에 열거한 것들이 문제가 되는 이유는 잘못된 곳에 선을 그었기 때문이다.

죄의 씨앗은 간음이라는 꽃이 만개하기 이미 오래 전에 뿌려진다. 예수님은 〈마태복음〉 5장 27~28절에서 이를 분명하게 말씀하셨다. "또 간음하지 말라 하였다는 것을 너희가 들었으나 나는 너희에게 이르노니 음욕을 품고 여자를 보는 자마다 마음에 이미 간음하였느니라."

아직 간음을 실행에 옮기지 않았다 하더라도 문제는 정욕이라는 씨앗이 뿌려진 순간 이미 시작된 것이다. 당신의 마음속에서 어떤 일이 벌어지고 있는가 하는 것은 중요한 문제다. 삶을 옳은 방향으로 움직여 가기 위해 당신이 할 수 있는 일들이 물론 있지만, 궁극적으로 그리스도의 능력 없이는 아무것도 할 수 없다. 당신의 마음에 하나님의 말씀을 두고 그것을 묵상하라. 할 수 있다면 당신의 행동을 변화시키라. 미리 예방하라. 유혹을 피하라. 그리고 당신 안에서 일하시는 성령의 능력을 통해 당신은 결코 가능하지 않으리라 생각했던 순결의 상태에 도달할 수 있다. 하지만 그게 언제든 당신은 시작해야만 한다. 하나님을 거역하는 죄를 짓지 않겠다고 결심해야 한다. 유혹을 피하기 위해 할 수 있는 모든 일들을 하라. 순결의 길을 걷기를 결심하고 그 길을 계속 가라.

그럴 만한 가치가 있는가?

아무리 많은 구체적인 실천을 하고 아무리 오래 결혼생활에 충실했다 할지라도 순결함을 유지하는 것은 언제나 어려운 일이다. 우리는 인간이며 완벽하지 않기 때문이다. 우리 모두는 죄를 범하여서 하나님의 기준에 이르지 못한다(롬 3:23~24). 나 역시 이 영역에서 (또한 다른 영역에서도) 얼마나 많은 실패를 경험했는지 모른다. 그리고 당신도 분명 예외는 아닐 것이다. 만약 실패한다면, 음행의 유혹에 빠지는 순간에 기댈 수 있는 전략이 반드시 있어야 한다.

우리는 때로 자신의 죄를 정당화하려는 유혹에 빠지기도 한다. '아내가 원하는 걸 해주지 않으니 스스로 욕구를 채울 수밖에!'라든가 '하나님은 내 행복을 바라시니까'라고 생각한다. 하지만 그것은 음행의 늪에 더 깊이 빠지게 할 뿐이다. 배우자에게 들켰을 때 당신은 가책을 느낄지도 모른다. "내가 어리석었어. 그러지 말았어야 했는데 정말 미안해." 그런 가책은 일시적인 변화를 가져오지만 거기서 그칠 수도 있기 때문에 종종 위험하다. 혹은 다음번에 들키지 않도록 더 노력하게 만드는 계기로 작용하기도 한다. 자신을 속이면서 쾌락과 갈망을 계속 탐닉할 수도 있다.

결국 효과적인 전략은 정직이다. 투명함, 책임, 고백, 용서와 같은 것들 말이다. 유혹과 실패의 순간에 그것을 다루는 법을 알게 되면, 더 깊은 수렁으로 빠져드는 것을 막을 수 있다. 우리는 단한 순간도, 아니 전혀, 그곳에 머무를 필요가 없다. 감사하게도 하나님은 우리에게 이런 약속을 주셨다. "오직 하나님은 미쁘사 너희가 감당하지 못할 시험 당함을 허락하지 아니하시고 시험 당할 즈음에 또한 피할 길을 내사 너희로 능히 감당하게 하시느니라"(고전 10:13).

이 장의 서두에서 말했던 나의 실수담은, 내가 유혹을 피하는 방법을 알게 된 하나의 계기였다. "그럴 만한 가치가 있나요?"라는 아내의 질문은 내 인생에서 강력한 방패가 되었다. 그 이후로 이 단순한 질문이 나를 보호해주었고, 모든 종류의 유혹을 이겨내는 데 도움을 주었다. 다시 한 번 눈길을 주기 전에, 남녀가 모인 자리에서 부적절한 말을 하기 전에, 음란한 생각이 머리를 스치기 전에, 미심쩍은 인터넷 광고를 클릭하기 전에, 자극적인 텔레비전 프로그램에 채널을 고정하기 전에 나는 아내의 질문을 떠올린다. "그럴 만한 가치가 있나요?"

지금은 주저하지 않고 그 질문에 '그렇지 않다'라고 대답할 수 있다. 단순한 부정이 아니라, 어떤 상황에서도 타협할 수 없는 강한 부정 말이다. 나의 인격을 깎아내리고 하나님과의 관계를 무너뜨리고 나에게 그토록 충실한 아내에게 상처를 줄 만한 가치가 있는 성적 스릴이 존재하는가? 아니, 절대 그렇지 않다!

당신의 삶에 있는 더러운 것 때문에 죄책감을 느끼고 있다면 그 느낌을 잘 기억하라. 그리고 다시 한 번 묻겠다. 그럴 만한 가치가 있는가? 그렇지 않다!

결코 그럴 만한 가치가 없다는 것을 당신도 잘 알고 있을 것이다.

당신의 내면에 불순한 무언가가 있다면 그것이 무엇이든 지금 하나님께 고백하라. 기도하라. 그분께 용서를 구하라. 〈요한일서〉 1장 8~9절은 이렇게 증언한다. "만일 우리가 죄가 없다고 말하면 스스로 속이고 또 진리가 우리 속에 있지 아니할 것이요 만일 우리가 우리 죄를 자백하면 그는 미쁘시고 의로우사 우리 죄를 사하시며 우리를 모든 불의에서 깨끗하게 하실 것이요."

하나님을 구하라. 건설적으로 싸우라. 즐거움을 누리라. 그리고 당신 안에 있는 그리스도의 능력으로써 그분의 말씀을 마음에 두고 그분께 죄를 짓지 말라. 순결함을 지키라. 무슨 일이 있더라도 지금 이후로 절대 포기하지 말라.

에이미의 이야기

처음 만날 때부터 크레이그와 내가 동의한 것이 있다. 순결이 단순히 우리 행동의 일부가 아니라 우리의 인격의 일부가 되고 우리 관계를 정의하는 가치가 되게 하자는 것이었다. 하나님은 우리에게 이렇게 말씀하신다. "악은 어떤 모양이라도 버리라"(살전 5:22). 순결함을 지키기 위해 지난 수년간 우리가 했던 일들이 어떤 이들에게는 하찮고 어리석게 보였을지도 모른다. 우리가 너무 극단적이고 유난을 떤다고 생각하는 사람들도 있을 것이다. 하지만 우리는 이 성경구절을 진지하게 받아들였고 문자 그대로 적용하려고 노력했으며, 우리의 가정과 마음에 무엇을 들여야 할지에 대해 늘 신중했다.

'버리라'는 것은 적극적인 행동의 표현이다. 크레이그와 나는 생각과 행동 가운데 우리를 부정한 삶으로 이끌 만한 요소가 있다면 아무리 작은 것이라도 그것을 버리려고 노력한다. 예를 들어, 특정 잡지들을 피하고 영화, 텔레비전, 그리고 기타 미디어에서 우리가 보는 것에 주의를 기울인다. 또한 허용 가능한 것을 정하는 데 있어서 문화적 흐름에 주도권을 넘기지 않는다. 우리는 잠재적으로 위험성이 있는 관계들로부터 서로를 보호한다. 자녀들에게 죄로 연결될 만한 것들로부터 자신을 보호하도록 가르치는 일도 중요하다. 우리가 하나님의 말씀을 마음에 둘 때 그분이 우리 가족을 보호하신다는 것을 나는 믿는다. 하나님의 법칙과 계명은 모든 종류의 부정적인 결과로부터 우리의 결혼생활을 보호한다. 지금까지 몇 가지의 실제적이고 외적인 실천들을 이야기했지만, 이러한 것들은 방정식의 한 변에 불과하다.

방정식의 다른 한 변은 예수님과 우리의 인격적인 관계다. 우리는 순결과 거룩의 원천이신 예수님 곁에 머물러 있어야 한다. 그분 곁에 있을 때 우리는 성화를 경험한다. 그분께 가까이 갈 때 그분은 우리의 더러움을 부드럽게 드러내신다.

하나님 곁에 머물러 있고 말씀에 비추어 하나님을 기쁘시게 하는 삶을 훈련하고 있기 때문에, 나는 더러운 생각이 떠오를 때 그것들을 즉각 분별해낼 수 있다. 나는 나 자신이 하나님과 순결함에 대한 부르심에 헌신되어 있음을 잊지 않는다. 그래서 더러운 것들을 즉시 물리치고 그 자리를 그분의 지혜로 채울 수 있다.

우리는 하나님이 순결함을 중히 여기신다는 것을 인정해야 한다. 하나님은 거룩하신 분이다. 그분은 우리를 자녀로 맞으셨을 때 우리를 거룩의 자리로 부르신 것이다. 하나님은 우리를 구별하여 세상의 빛이 되게 하셨다. 순결함은 진실로 중요한 것이다. 우리가 입는 것, 우리가 생각하는 것, 우리가 보는 것, 우리가 이야기하는 것, 우리가 시간을 쓰는 것, 이 모든 것이 중요하다. 순결함은 하나님께, 그리고 우리의 결혼생활에 중요하다. 우리는 그분의 자녀이기에 그분을 닮아가야 한다. 하나님이 거룩하듯이 우리도 거룩해야 한다.

From
This Day
Forward

다섯 번째.
절대 포기하지 말라

다섯 번째.
절대 포기하지 말라

"한 번의 패배를 최후의 패배와 혼동하지 말라."
– F. 스콧 피츠제럴드

나는 몇 년 전 가까운 친구인 스콧과 섀년의 결혼식 주례를 했다. 이 아름다운 커플과 그들의 친구와 가족들 앞에서, 나는 그 두 사람의 관계에 대해 이야기했다. 스콧은 섀년을 소중히 여겼고 그녀의 순결을 지켜주었다. 섀년 역시 스콧을 존중했으며 기도하면서 그의 믿음을 격려해주었다. 그들은 우리 부부와 가까운 친구였기 때문에, 그들이 하나님과 하객들 앞에서, 그리고 서로의 앞에서 이 귀중한 서약을 하게 된 것이 너무 기뻤다.

나는 한창 주례를 하던 중에 준비해온 원고를 흘깃 내려다보고는 순간적으로 크게 당황했다. 오타 하나가 눈에 확 띄었던 것이다. 원고에는 "두 사람이 **갈라서게 될 것**untied입니다"라고 쓰여 있었다.

물론 내가 의도한 것은 "두 사람이 **하나가 될 것**united입니다"였다. 다행히 나는 침착함을 유지했고 융통성을 발휘하여 잘 고쳐서 읽었다. 그 부분에서 잠깐 머뭇거린 것 같긴 하지만, 실수로 쓴 것을 무심코 읽지 않아서 얼마나 다행인지 모른다. 친구들 앞에서 바보 같은 실수를 하지 않아서라기보다는(그런 경사스러운 날 내가 주인공이 아니라는 것쯤은 알고 있다), 내가 하려던 말과 정반대되는 말을 흘리지 않아서다.

결혼식이 끝난 뒤 나는 에이미에게 그 오타를 보여주었다. 글자 하나의 위치가 바뀐 것이었다. 알파벳 i가 제 위치에 있을 때는 '하나가 된다united'는 뜻이지만, 잘못 놓이면 '갈라서게 된다untied'는 뜻이 된다.

진부할지 몰라도, 이 오타에서 배울 수 있는 교훈이 하나 있다. 결혼생활에 어떤 일이 일어나느냐와 상관없이, 'I' 즉 '내'가 제 위치에 있지 않다면 결국 갈라서게 된다는 것 말이다. 하나님께 온전히 순종하고 그분을 첫 번째 짝으로 인정하지 않는다면, 나는 그분의 무조건적인 사랑으로 두 번째 짝을 사랑할 수 없을 것이다. '내'가 어디에 있느냐에 따라 우리의 결혼은 안전하고 견고해지거나, 혹은 분리되어 느슨해질 수도 있다.

확고한 결정

당신의 현재 결혼생활은 어떠한가? 지금까지 우리는 많은 주제를 다뤘다. 하지만 당신의 결혼생활이 풍성해지길 원한다면 어쩌면 이번 장이 당신에게 가장 중요한 장이 될 수도 있다. 건강한 결혼생활을 위한 다섯 가지 결정들, 즉 하나님을 구하고, 건설적으로 싸우고, 즐거움을 누리고, 순결함을 지키고, 절대 포기하지 않는 것을 정리해본다면, 이 장에서 다룰 다섯 번째의 결정이 다른 네 가지를 유지시키는 원동력이라 할 수 있다.

절대 포기하지 않는 비결은 무엇일까? 생각보다 훨씬 간단하다. 결혼 초에 아내와 내가 발견한 단순한 진리는 우리에게 큰 변화를 가져다주었다. 그것은 너무 단순한 나머지 쉽게 과소평가되는 경향이 있다. 삶에 그토록 큰 영향력을 행사할 수 있는데도 말이다. 이제, 들을 준비가 되었는가? 그 비결이란, 우리의 결혼생활이 우리가 결정한 만큼 달라진다는 확신이었다.

당신도 마찬가지다. 당신의 결혼생활도 당신이 결정한 만큼 달라진다.

우리가 다른 사람들보다 더 나을 것은 없다. 사역을 하고 있다고 해서 우리가 문제없는 부부일 거라 생각하지 말라. 우리 역시 다른 이들과 똑같이 문제를 가진 사람들이다. 우리 역시 당신과 마찬가지로 죄로 가득한 세상에 살고 있다. (여섯 명의 아이들이 욕실에 무슨 일을 저지를 수 있는지 당신은 전혀 모를 것이다.) 하지만 우리는 하나님을 구하기로 결정했기 때문에, 함께 기도하고 하나님을 우선순위에 두기 위해 노력한다. 우리는 건설적으로 싸우기로 결정했기 때문에, 승리보다는 해결책을 찾기 위해 노력하며 용서와 사랑의 여지를 남겨둔다. 우리는 정기적으로 즐기는 시간을 갖기로 결정했기 때문에, 결혼과 우정의 선물들을 누린다. 우리는 순결함을 지키기로 결정했기 때문에, 결혼생활을 망칠 수 있는 독은 어떤 것이든 거부한다. 그리고 우리는 절대 포기하지 않기로 결정했기 때문에, 하나님이 원하시는 결혼생활을 위해 싸움을 멈추지 않는다. 당신이 이 모든 내용들 속에서 핵심적인 단어 두 개를 발견했기를 바란다. 그것은 바로 '우리'와 '결정'이다.

당신도 그렇게 할 수 있다! 이 일에는 우리 두 사람 모두의 노력이 필요했다. 하지만 모든 사람이 언젠가는 시작해야 한다. 한 사람만의 노력으로는 매우 힘든 여정이 될 것이다. 하지만 멈춰서는 안 된다. 두 사람은 하나의 관계로 묶여 있다. 당신이 결혼했다면 하나님께서 두 사람을 하나로 만드신 것이다. 그렇게 느껴지지 않는다 해도 그것은 중요하지 않다. 하나님께서 하나로 만드신 것을 당신이 되돌릴 수는 없다. 설령 당신 혼자만 노력하고 있을지라도, **당신**은 결정해야 한다. 어떤 결혼생활을 하고 싶은지는 당신이 결정하는 것이다. 행복한 결혼생활을 할 것인가, 아니면 불행한 결혼생활을 할 것인가? 결정은 당신의 몫이다. 당신의 결혼생활은 당신이 결정한 만큼 달라진다.

당신은 곧 끝나버릴 것만 같은 결혼생활을 하고 있는지도 모른다. 만약 그렇다면 내가 그것을 안타깝게 생각한다는 것을 알아주길 바란다. 당신은 어쩌면 지금까지 읽어왔던 이 책의 내용을 모두 나중으로 미루고 싶을 수도 있다. 혹은 당신과 달리 배우자가 당신에게 충실하지 못하고 바깥으로 눈을 돌린 상황일 수도 있다. 간통은 이혼사유가 된다. 그것은 자명한 사실이고, 설령 당신이 배신을 당하여 결혼생활을 포기한다 한들 그것을 비난할 사람도 없을 것이다. 하지만 나는 또 다른 강력한 진리를 상기시켜주고 싶다. 간음은 이혼의 근거이기도 하지만, 용서의 근거이기도 하다.

하나님이 원하시는 결혼생활에 있어서 분명한 것은, 두 사람에게 각각 용서의 몫이 있다는 사실이다. 용서가 불가능해 보일 때도 하나님으로서는 다 하실 수 있다. 모든 것. 특히 용서할 수 없어 보이는 대상도 우리는 용서할 수 있는 것이다. 그리고 용서하는 그 순간이 우리가 하나님과 가장 닮아 있는 순간이다.

배우자를 변화시키기 위해 당신이 할 수 있는 일은 없다. 하지만 당신 자신을 변화시키는 것은 가능하다. 당신은 포기하지 않기 위해 할 수 있는 모든 일을 해야 한다. 당신이 있어야 할 자리에 있고, 하나님께 온전히 순복하며, 그분을 매일 구하고, 그분이 행하시는 기적을 믿어야 한다. 당신은 절대 포기하지 않기로 결정할 수 있다. 배우자와 함께하는 것, 그리고 언약 안에 머무는 것을 포기하지 말라. 당신은 하나님께 약속했다. 그래서 원수가 갈라서라고 유혹하는 순간에도 그 자리에 서서 하나됨을 지켜야 한다.

결혼은 지키는 것이다. 그것은 서로를 절대 포기하지 않는 것이다. 그것은 결혼생활의 실패에 대한 두려움 때문에 평생 후회할 언행을 하지 않도록 노력한다는 뜻이다. 그것은 불가능한 일을 행하시는 하나님의 능력을 절대 포기하지 않는 것이다. 당신의 결혼생활이 지금 어떠하든, 함께 선한 경주를 하는 것이 무엇을 의미하는지 깊이 생각해 봐야 한다.

다른 점으로 인한 상처

어떻게 이 경주를 잘 마칠 수 있을지 생각해본다면, 그 시작점을 더듬어보는 것이야말로 가장 좋은 방법일 것이다. 당신이 결혼을 했다면 처음 서로를 알아가던 때를 떠올려보라. 두 사람은 분명 달랐다. 그 남자 특유의 말재주가, 혹은 그 여자 특유의 인생관이 처음에 당신의 관심을 사로잡고 어쩌면 당신을 조금 놀라게 했을지도 모른다.

그러한 특징들 때문에 상대방에게 매력을 느끼고 계속 만날 핑계를 찾았을 것이다. 그리고 당신 둘은 이렇게 생각하기 시작한다. '우리가 서로 많이 다르긴 하지만 그러한 개성들이 서로를 잘 보완해주는 것 같아.' 어쩌면 당신은 완전한 하나를 이룰 수 있는 반쪽을 찾았다고 느꼈을 것이다. 그때는 당신에게 약점인 부분이 상대에게는 강점이었으며 상대가 부족한 부분을 당신이 메워주었다. 두 사람은 정반대의 매력에 끌렸다.

하지만 결혼을 하고 나면 올 것이 오고야 만다. 최소한 데이트를 하는 동안은 서로 다른 점에 끌린다. 하지만 결혼을 하는 순간 서로 다른 점들은 **상처**가 된다! 한때 매력적으로 보였던 독특한 기질이나 성격은 곧 짜증나는 습관과 우둔한 고집이 된다. 상대방과 싸우게 되거나 아예 손을 떼고 싶어지고, 도대체 왜 이런 사람과 결혼을 했는지 자신을 자꾸 추궁하게 된다.

만약 당신이 제 시간을 지키는 것이 상대방에 대한 존중과 애정을 표현하는 것이라고 생각하는 철저한 사람이라면, 당신의 배우자는 그에 못 미칠 확률이 높다. 아니 확신컨대, 당신의 배우자는 시간을 지키는 문제에 당신보다 훨씬 '창조성'을 가지고 접근할 것이다. 게다가, 당신 부부를 잘 아는 친구들마저 당신이 7시까지 가겠다고 말하면 7시 30분까지는 안 올 거라고 믿어버릴 것이다. 그런데 당신이 7시에 도착한다면 그들은 당신을 맞을 준비가 덜 되었기 때문에 그것은 무례한 일이 될 수도 있다!

부부 중 한쪽이 항상 가계부를 들고 다닐 정도로 절약정신이 투철한 경우도 있다. 아직 태어나지도 않은 아이들의 대학 원서를 미리 써놓았을 뿐 아니라 등록금을 위한 계좌까지 만들어두었다. 하지만 부부 동반으로 친구들과 함께 저녁식사를 하러 갔을 때, 종업원에게 이렇게 말하는 것은 언제나 그 배우자다. "가장 좋은 와인으로 한 병 부탁합니다. 오늘은 여기 모인 사람들이 지난 세 달 간의 우정을 기념하는 날이거든요. 디저트 먹고 싶은 사람은 마음껏 시키세요, 오늘 저녁은 저희가 삽니다!"

이런 부부도 있다. 한쪽 배우자는 두툼하고 푹신한 덩어리를 까닭 없이 '팬케이크'라고 부르는 반면, 다른 배우자는 얇게 구워진 완벽하게 둥근 모양의 팬케이크를 하나님이 기뻐하실 거라고 믿는다. 물론, 하나님은 그 두 사람 모두를 똑같이 사랑하신다. 둘 중 한쪽에게는 은혜와 자비를 더 많이 부어주셔야 하겠지만 말이다. 독자들은 아마 무슨 말인지 알 것이다.

서로 다른 점을 상처가 아닌 끌림으로 되돌릴 수 있는 한 가지 방법은 배우자를 당신이 원하는 사람으로 보려 하지 말고 있는 그대로 받아주는 것이다. 당신의 배우자는 당신이 원하는 방식으로 설거지를 하지 않는다. 당신의 배우자는 하나님이 원하시는 대로 팬케이크를 굽지 않는다. 하지만 이러한 부분을 단순히 나쁘지 않다는 정도로만 볼 것이 아니라, 바로 그 점 때문에 상대방에게 매료됐었다는 사실을 기억해야 한다.

서로 다른 점은 나쁜 것이 아니다. 아니, 당신이 비슷한 사람과 결혼한다면 둘 중 한 사람은 불필요한 존재다. 서로 다른 사람들을 하나가 되게 하셨을 때, 하나님은 분명한 계획이 있으셨다. 철이 철을 날카롭게 하는 유일한 길은, 각각의 다른 점들이 서로 끊임없이 마찰하는 것이다(잠 27:17). (서로의 다른 점들이 서로를 마찰할 때, 특히 서로가 육체의 즐거움을 누릴 때 그것이 얼마나 즐거운지 굳이 말할 필요는 없을 것이다.)

문제는, 서로의 다른 점들이 항상 갈등을 유발한다고 믿는 고

정관념이다. 하지만 꼭 그렇지만은 않다. 배우자가 당신과 다르게 일을 처리한다고 해서 문제가 되는 것은 아니다. 서로가 그저 다른 것일 뿐이다.

다른 점을 긍정적인 것으로 받아들이지 못한다면, 배우자 몰래 하는 일들이 하나둘씩 생겨날 것이다. 예를 들어 당신이 씀씀이가 헤픈 사람이라고 가정해 보자. 한 번은 혼자 밖에 나가 점심을 먹고 그것을 숨기기 위해 가계부를 약간 수정한다. 이런 종류의 속임수는 점점 습관이 되고, 그런 '작은' 것들이 쌓이면서 큰 문제에 봉착하게 된다.

그리고 어떤 시점이 되면 당신이 '작은 선의의 거짓말'을 인정하고 용서를 구했다 하더라도, 관계 가운데 불신이 싹트는 부정적인 결과를 가져오게 된다. 더 심각한 결과는, 두 사람 모두 용서받지 못한 것과 오래된 쓴뿌리로 인한 상처를 안고 살아가게 된다는 것이다. 두 사람 사이에는 불신, 분노, 의심, 실망, 침묵이 생겨난다. 그리고 미처 깨닫지도 못한 사이에, 어느 날 두 사람은 사랑하는 부부가 아닌 룸메이트로서 아침을 맞는다. 같은 지붕 아래 살고 있지만 각자의 삶을 사는 것이다.

관계가 이렇게 굳어지기 전에 당신은 큰 결정들을 지키기 위한 매일의 결단을 내려야 한다. 건설적인 싸움을 하기로 결정하면,

서로 이기려 하지 않게 된다. 시비를 가리려 하기보다 문제를 해결하는 데 충실한 태도를 갖게 되는 것이다. 함께 기도하기로 결정하면, 이 일을 정기적으로 실천에 옮기려고 노력하게 된다. 절대 포기하지 않기로, 결혼서약을 영원히 지키기로 결정하면, 매일 정직과 투명함, 고백과 용서의 결단을 하게 된다. 이것이야말로 관계를 시작할 때 당신이 느꼈던 감정을 되살리는 유일한 방법이다.

관계가 시작되었던 때를 기억하는가? 처음 사랑에 빠졌을 때, 라디오에서 흘러나오는 모든 사랑 노래가 내 노래 같고 고속도로에 있는 모든 광고판은 당신들이 운명의 짝임을 확신시켜주는 듯했다. 두 사람은 만날 때마다 서로 끌어안은 모습을 '셀카'로 찍어 기념한다. 그러다가 크리스마스카드나 인형 같은 것을 마지못해 주고받는 날이 온다. 얼마 후 그 모든 사진들을 찢어서 화로에 던져버리게 된다. 그리고 당신들은 이혼법정에 앉아, 재산을 놓고 큰 소리로 소유권 논쟁을 벌이는 변호사들의 고함소리를 듣는다.

물론 시나리오가 꼭 이렇게 흘러가리라는 법은 없다. 게다가 하나님이 그렇게 되길 원하시지도 않는다. 하나님은 당신을 향한 계획을 가지고 계신다. 그것은 재앙이 아니라 평안이고 미래와 희망을 주는 것이다(렘 29:11). 하지만 이러한 계획이 당신의 삶에서 실현되려면 어떻게 해야 할까? 하나님을 구하라. 배우자와 함께 기도하며 하나님을 구하라. 건설적으로 싸우라. 이기려고 하기보다는 해결을 위해 함께 노력하라. 함께 있는 즐거움, 활동의 즐거움, 육체의 즐거움을 누리며 행복한 시간을 보내라. 순결하라. 선을 넘기 전까지 당신의 한계를 스스로 시험하려 하지 말고, 그것으로부터 가능한 한 멀리 도망치라. 그리고 이 모든 일을 행동으로 옮겼다면, 절대 포기하지 말라.

은혜를 받아들이기

절대 포기하지 말라는 말은, 배우자에게 당신을 마음대로 괴롭히고 주무를 수 있는 모든 권한을 주라는 뜻이 아니다. 두들겨 맞고 당하기만 하는 영적 은사란 없다. 만일 그런 힘든 상황에서 당신이 절대 포기하지 않기로 결정했다면, 구체적인 결혼상담을 받기 전에 물리적으로 안전한 거리를 확보할 필요도 있다.

혹시 당신의 결혼생활이 이혼으로 끝났다면, 단언컨대 오늘은 당신에게 새로운 날이 될 수 있다. 당신이 그리스도 안에 있을 때 그분은 과거의 일로 당신을 정죄하지 않으신다. 나도 당신을 정죄하지 않을 것이다. 마치 아끼는 애완동물이라도 되는 것처럼 죄책감을 끌어안고 있지 말라. 대신 은혜를 받아들이라. 우리가 한 자리에 있었다면 나는 당신에게 〈요한복음〉 8장 3~11절과 〈로마서〉

8장을 읽어주었을 것이다. 거기가 바로 시작점이다. 그런 다음 관계의 실패에 있어서 당신이 기여한 부분이 있다면 자신의 책임을 인정하라. 그리고 하나님이 주시는 자비와 은혜와 용서를 받아들이라. 당신을 치유로 인도하는 길은 거기서 시작되어야 한다.

당신은 아직 결혼을 하지 않았을지도 모른다. 하지만 지난 관계들을 뒤돌아보며 이렇게 생각할 수도 있다. '나는 과거에 많은 잘못을 저질렀어. 다시 돌아갈 수 있다면 좀 다르게 살 텐데.' 이것은 당신의 이야기인가? 나는 그런 마음이 충분히 이해가 된다. 우리 모두에게는 바꾸고 싶은 과거가 있다. 하지만 문제를 현실적으로 바라봐야 한다. 그 누구도 과거를 바꿀 수는 없다. 대신 우리가 할 수 있는 일에 초점을 두어야 한다. 지금 이후로 우리는 절대 포기해서는 안 된다. 그리스도를 따르기로 결정했다는 것은, 그분과 더불어 모든 것을 할 수 있다고 말씀하시는 하나님을 섬긴다는 의미다(마 19:26). 우리의 잘못이 무엇이든 용서를 구하고 앞으로 나아가면서 죄 짓는 일을 중단해야 한다.

〈마태복음〉 19장의 다른 본문을 살펴보자. 19장 전반부를 보면 유대 지경에 예수님을 따르는 큰 무리가 있었고 예수님은 병든 자들을 고치셨다. 그리고 3절을 보면 율법 선생인 어떤 바리새인들이 나타나 예수님을 넘어뜨릴 계획으로 교묘한 질문을 한다.

"사람이 어떤 이유가 있으면 그 아내를 버리는 것이 옳으니이까."

예수님의 답을 살펴보기에 앞서 그 당시 문화에 대한 이해가 필요하다. 비록 오늘날은 상상하기 어려운 일이지만, 예수님 시대에 여성들은 남성들과 동등한 취급을 받지 못했고 소유물처럼 여겨졌다. 여성들은 권리가 없었기 때문에 한 남자가 아내에게 "난 이제 당신이 싫소"라고 말하면 그것으로 곧장 이혼이었다.

이처럼 바리새인들의 계획은 예수님의 허를 찌르고 자신들의 전문 분야인 율법에 대해 교묘한 질문을 해서 그분을 곤혹스럽게 만드는 것이었다. 하지만 예수님은 그런 계략에 넘어가지 않으셨다. 아니 오히려 예수님은 듣고 있던 모든 사람들을 놀라게 하셨다. 기준을 더 높인 것이 아니라 옛날 기준을 폐기하고 누구도 생각하지 못했던 완전히 새롭고 더 나은 기준을 제시하셨던 것이다. 예수님이 무슨 말씀을 하셨는지 4절부터 살펴보자. "사람을 지으신 이가 본래 그들을 남자와 여자로 지으시고 말씀하시기를 그러므로 사람이 그 부모를 떠나서 아내에게 합하여 그 둘이 한 몸이 될지니라 하신 것을 읽지 못하였느냐 그런즉 이제 둘이 아니요 한 몸이니 그러므로 하나님이 짝지어 주신 것을 사람이 나누지 못할지니라."

바리새인들은 광야에서 하나님이 모세를 통해 이스라엘 백성에게 주신 율법을 생각하고 있었다. 하지만 예수님은 그보다 훨씬 더 이전으로 거슬러 올라가신다. 예수님은 〈창세기〉를 인용하며 인류의 첫 부부였던 아담과 하와를 상기시키신다. 그리고 결혼을 한 두 사람은 더 이상 둘이 아닌 **하나**라는 것을 가르치신다.

풀처럼 붙어있는 관계

본문에 있는 내용을 과하게 해석하지 말자. 예수님의 말씀은 각 개인이 자신의 권리, 인격, 재능, 정체성을 포기해야 한다는 뜻이 아니다. 독특한 두 개인이 어우러져 완전히 새로운 실체, '한 몸'을 탄생시킨다는 것이다. 그런데 이들이 한 몸을 이룬 것은 자신들의 힘이 아니다. 하나님이 이 새로운 실체를 짝지어 주신 것이다. "하나님이 짝지어 주신 것을 사람이 나누지 못할지니라"는 말씀은 바리새인들의 미미한 율법이나 규칙들이 효력이 없음을 설명하신 것이다. 왜냐하면 사람의 법칙이 하나님의 창조보다 우선할 수 없기 때문이다.

이해를 돕기 위해 예를 하나 들어보겠다. 두 개의 종이가 있는데 하나는 남편을, 다른 하나는 아내를 나타낸다고 가정해보자. 그리고 이 두 장을 나란히 놓은 다음 2센티미터 정도만 포개어지도록 하여 그 부분을 풀로 붙인다. 개별적인 두 개의 종이를 떨어지지 않게 잘 이어 붙여서 더 큰 하나의 종이로 만든 것이다. 각각의 종이는 이전의 속성을 그대로 가지고 있지만, 이제 모든 것을 공유한 상태가 된다. 둘이었다가 하나를 이룬 것이다.

이혼은 왜 그렇게 고통스러운 것일까? 이처럼 하나가 된 종이를 찢어서 처음처럼 둘로 나누려고 하기 때문이다. 하지만 그것은 더 이상 가능하지 않다. 아무리 조심스럽게 떼어내려 해도 처음 상태의 종이 두 장으로 복원하지는 못할 것이다. 어쨌든 찢어지게 되어 있다. 당신이 만약 이혼을 경험했거나 주변 친구나 가족의 이혼을 지켜보았다면 내가 하는 말이 어떤 의미인지 잘 알 것이다. 이혼은 아주 복잡하며 파괴적인 것이다. 그리고 결과적으로 두 개의 완전체가 아닌 갈가리 찢겨진 두 개의 조각들이 남겨진다.

앤디 스탠리는 예전에 이 원리에 대해 명료하게 이야기한 적이 있다. "하나님이 하나가 되게 하신 것을 하나가 아닌 것으로 만들 수 없다."

나는 현대인들이 이 사실을 잘 깨닫지 못하는 이유가 결혼의 진짜 의미를 이해하지 못하기 때문이라고 생각한다. 사람들은 결혼이 두 개인 간에 이루어지는 상호간의 계약이라고 믿는다. 하지만 그렇지 않다. 결혼은 **언약**이다. 그 두 개념의 차이는 엄청나다. 언약은 상호간의 약속을 기초로 하지만, 계약은 상호간의 불신을 기초로 한다.

계약은 나의 책임을 제한하고 나의 권리를 신장시키는 것이다. 당신과 내가 계약을 한다는 것은, 바꿔 말하면 당신이 역할을 다하는 한 나도 그럴 것이라는 의미다. 나는 내 조건에 최선을 다하고, 당신은 당신의 조건에 최선을 다하는 것이다.

결혼 전에 나는 첫 임대주택을 샀다. 누군가 그 집을 임대하려면 나와 계약을 해야 한다. 내가 모르는 사람이라면 계약의 중요성은 더 커진다. 계약을 하는 이유는 서로에 대해 알 수 없기 때문이다. 내가 그들을 신뢰해도 될지, 상대방이 나를 신뢰해도 될지 피차 확실치 않은 것이다. 우리 계약의 골자는 '당신이 역할을 다하는 한 나도 그럴 것이다'라는 것이다. 당신이 우리가 합의한 내용월세를 제때 내고 아무것도 훼손하지 않는다는 것을 지키지 않는다면, 나는 당신을 내보낼 수도 있다는 뜻이다.

하지만 계약은 쌍방의 이익을 전제한다. 반대로 내가 약속한 바집에 있는 모든 것들을 사용 가능한 상태로 유지한다는 것를 이행하지 않으면, 당신도 상환을 청구할 수 있다는 것이다. 우리는 서로 합의한 내용을 지키는 한에서만 서로를 신뢰한다. 어느 한쪽이라도 상대방의 기대에 부응하지 못한다면 계약은 파기되고 철회될 수 있다.

그런데 대부분의 사람들이 결혼을 이런 식으로 생각한다. "당신이 나를 행복하게 해주는 한, 당신이 내 필요를 채워주는 한, 더 나은 상대가 나타나지 않는 한, 우리는 결혼생활을 유지할 것이다. 하지만 언제라도 당신이 계약대로 이행하지 않을 경우 그 날로 나는 계약을 끝낼 것이다."

하지만 결혼은 계약이 아니라 언약이다. 언약이란 무엇인가? 언약은 **영원한** 관계이다. 우리의 하나님도 언약의 하나님이시다. 하나님은 그분의 백성들과 영원한 관계를 맺으셨다.

언약에 해당하는 히브리어는 **베리트***beriyth*이다. 이 단어 어근의 문자적 의미는 '둘로 자른다' 혹은 '둘로 나눈다'는 뜻이다. 구약 시대에 쌍방이 구속력 있는 합의를 할 때는 피의 제물을 드렸다. 그들은 소를 반으로 가르고 그 사이를 양측 모두가 일곱 번을 왕복해야 했다. 이러한 의식의 의미는 "내가 이 언약을 어긴다면 이 소에게 벌어진 일이 나에게도 벌어질 것이다"라는 것이었다. 언약을 맺는 것은 매우 중대한 일이었다.

또한 구약시대에는 결혼을 할 때 다음과 같은 의식을 치르기도 했다. 제사장은 결혼 당사자들을 앞에 세운 후 신랑의 손을 날카로운 칼로 베어내 피를 흘리게 한다. 그리고 신부에게도 동일하게 한 뒤, 그들의 손을 합해 피가 섞이도록 한다. 왜 그랬을까? 〈레위기〉 17장 14절에 따르면 "모든 생물은 그 피가 생명과 일체"라고 했기 때문이다. 신랑과 신부는 피가 섞일 때 그들의 생명이 섞인 것으로 받아들였다.

마지막으로 제사장은 맞잡고 있는 그들의 손에 고급스러운 끈을 묶어준다. 하나님과 증인들 앞에 그들이 더 이상 둘이 아니며 하나임을 상징하는 징표로서 말이다. "하나님이 짝지어 주신 것을 사람이 나누지 못할지니라." 그들은 짝지어졌고 이제 "둘이 아니요 한 몸"이었다.

기름이 떨어졌을 때

나는 가능한 한 예비부부들에게 목사의 주례로 식을 올리기를 권한다. 예식의 중요성 때문이기도 하지만, 결혼식에서 당사자들이 하는 일의 중요성 때문이기도 하다. 당신이 치안판사 입회하에 결혼을 했다 하더라도_{미국에서는 치안판사의 입회 하에 간단하게 결혼식을 치르기도 한다_옮긴이} 잘못된 것은 아니다. 하지만 결혼서약을 다시 할 의향이 있다면, 목회자 앞에 서서 하나님께 대답할 것을 진지하게 고려해보길 바란다. 우리 부부는 결혼을 할 때 어떤 서약을 했을 것 같은가?

"크레이그, 당신은 에이미를 법적 아내로 맞이하여, 그녀가 항상 잘 되고(당신이 잘 안 풀릴 때도), 건강하고(당신이 아플 때는 잘 돌봐주고), 더 부유해지기만 한다면(더 가난해지지만 않는다면), 다른 여자들(그녀만큼 매력적이지 않은)과의 관계를 끊고 지금 이후로 그녀만을 사랑하겠습니까? 당신은 (그녀가 당신을 행복하게 해준다면) 그녀에게 충실할 것을 서약합니까? 그리고 (그녀가 계속해서 책임을 다한다면) 그녀와 항상 함께 하겠습니까? (더 나은 사람이 나타나지 않는 한) 당신의 결혼생활에 충실하겠습니까?"

물론 우리의 서약은 이렇지 않았다! 결혼이란 좋을 때나 나쁠 때나, 부유할 때나 가난할 때나, 아플 때나 건강할 때나, 생명이 다할 때까지 오직 한 사람에게만 충실한 것이다. 결혼생활에 종료일은 없다. 언약은 당사자 중 한 명이 죽을 때만 끝나는 것이다. 하지만 계약은 종료일이 있다. 예를 들어 당신이 1년간 내 집을 임대하기로 계약했다면 1년 후에는 계약이 종료된다. 하지만 언약은 죽음이 우리를 갈라놓을 때까지 지속되는 것이다.

상황이 아무리 어렵다 해도, 당신의 감정이 아무리 많이 변했다 해도, 결혼의 언약은 달라지지 않는다. 세계적으로 유명한 복음전도자 빌리 그레이엄^{Billy Graham}은 한창 왕성한 사역을 하던 시기에 여행을 자주 다녔다. 그는 개혁 운동과 여러 집회들 때문에 한 번에 몇 달씩 집을 떠나 있는 경우도 많았다. 그래서 그의 아내인 루스 그레이엄Ruth Graham은 그가 없는 동안 아이들을 혼자 키우며 가정을 돌봐야 했다. 오늘날의 우리와 마찬가지로, 그것은 그녀에게도 분명 쉽지 않았을 것이다. 아이들을 혼자 키운다는 것은 힘든 일이다. 수년 전 한 기자가 루스를 인터뷰하면서 지난 60년의 결혼생활 중에 남편과 이혼하고 싶었던 적은 없었냐는 질문을 던졌다. 그때 루스는 이렇게 대답했다. "아뇨. 빌리와 이혼할 생각은 한 번도 해 본 적이 없어요. 몇 번쯤 살인 충동을 느낀 적은 있지만, 이혼은 안 될 말이죠!"

우리가 하나님 앞에서 언약을 했을 때는 어떤 일이 있어도 지켜야 한다. 나는 목사이기 때문에 자신의 배우자와 더 이상 함께 살 수 없다고 말하는 수많은 사람들을 만나왔다.

"나는 더 이상 행복하지 않아요."

"남편을 신뢰할 수 없어요."

"아내가 변했습니다. 처음 결혼했을 때의 그녀가 아니라고요."

물론 시대를 초월한 전형적인 이유도 있다. "나는 더 이상 아내(혹은 남편)를 사랑하지 않아요."

사랑이 없어져서 이혼을 결심하는 것은 기름이 떨어져서 차를 팔려는 것과 같다. 지각이 있는 사람이라면 결코 그런 일을 하지 않는다. 차에 기름을 넣고 다시 사용하면 된다. 당신의 결혼생활에 "사랑 부족" 표시등이 켜지면 차를 세우고 사랑을 주입하라. 사랑을 완전히 채운 후에 다시 시작하라.

씨뿌리기의 교훈

물론 쉬운 일은 아니다. 하지만 더 이상 사랑이 없다고 느낄 때, 더 이상 용서와 은혜가 없다고 느낄 때, 이미 할 수 있는 일은 다 해봤다고 느낄 때가 바로 하나님을 구할 때이다. 하나님은 당신의 근원이시다. 사랑은 하나님의 **행위**가 아니라 그분의 **존재방식**이다. 〈요한일서〉 4장 8절은 "하나님은 사랑이심이라"고 말한다. 더 이상 줄 수 있는 사랑이 없다고 느낄 때 당신을 통해 그분의 사랑을 흘려보내게 하라. 당신의 삶을 통해 그분이 용서와 은혜를 베푸시도록 하라. 하지만 당신이 해야 할 일이 있다. 더 많은 것을 얻기 위해, 당신의 탱크를 채우기 위해 그분께 나아가는 것 말이다.

당신이 그리스도인이라면 이 말을 이해해야 한다. 당신은 "나는 하나님을 사랑하지만 내 배우자를 미워합니다"라고 말할 수 없다. 그 이유는 방금 읽었던 본문의 20절에 잘 나와 있다. "누구든지 하나님을 사랑하노라 하고 그 형제를 미워하면 이는 거짓말하는 자니 보는 바 그 형제를 사랑하지 아니하는 자는 보지 못하는 바 하나님을 사랑할 수 없느니라." 당신도 그리스도인이고 당신의 배우자도 그리스도인이라면, 성경이 말하는 분명한 진리를 기억하라. 하나님을 사랑한다고 하면서 배우자를 사랑하지 않는다고 말하는 것은 불가능하다는 것 말이다. 둘 사이에 문제가 있을 때 이 말을 지키기가 얼마나 어려운지 나는 충분히 알고 있다. 하지만 당신이 하나님을 사랑한다면, 아무리 어렵더라도 그분께 구해야 한다. 당신의 힘으로는 할 수 없는 일들을 하나님이 하실 수 있도록 기회를 드리라. 당신을 통해 그분이 계속 사랑하시도록 하라.

이것은 당신의 삶에서 어떻게 나타날까? 내가 말한 것을 당신의 삶에 어떻게 적용할 수 있을까? 사랑하려고 노력해봤지만 별로 결과가 좋지 않았는가? 하나님의 섭리 안에서 (물론 결혼생활에서도) 당신은 뿌린 대로 거두게 되어 있다. 누구도 이 원리를 피해가지 못한다. 당신이 결혼을 했든 안했든 이 중요한 원리는 삶의 모든 관계에 분명한 영향을 미친다. 〈갈라디아서〉 6장 7~9절은 이렇게 기록하고 있다. "스스로 속이지 말라 하나님은 업신여김을 받지 아니하시나니 사람이 무엇으로 심든지 그대로 거두리라 자기의 육체를 위하여 심는 자는 육체로부터 썩어질 것을 거두고 성령을 위하여 심는 자는 성령으로부터 영생을 거두리라."

우리가 순결함을 지켜야 하는 한 가지 이유는 우리가 "자기의 육체(즉 죄된 본성)를 위하여 심는" 것을 원하지 않기 때문이다. 하지만 우리가 (기도하며 하나님을 계속 구함으로써) "성령을 위하여 심는"다면 성령을 통해 영생을 거두게 될 것이다. 바울은 이 내용을 쓸 때 그것이 얼마나 어려운지 잘 알고 있었던 것 같다. 내가 그렇게 짐작하는 이유는 바로 그 다음 절에서 바울이 절대 포기하지 말라고 권면하고 있기 때문이다. 우리가 유익을 얻을 수 있는 유일한 방법, 우리가 추수할 수 있는 유일한 방법은, 바로 포기하지 않는 것이다.

이것을 결혼생활에 적용하려면 두 가지 원리를 이해해야 한다. 첫째는 당신이 어떤 것을 심든 심은 대로 거두게 된다는 것이다. 당신이 땅에 사과씨를 심는다면 무엇이 자라겠는가? 오렌지 나무일까? 결코 아니다! 사과씨를 심고 기른다면 사과나무를 얻는다. 심은 대로 거둔다.

누군가 당신에게 미소 지을 때 당신은 보통 어떻게 반응하는가? 미소로 답하지 않겠는가? 심은 대로 거둔다.

누군가 화가 나서 당신에게 소리를 지른다면 어떻게 반응하게 될까? 당신도 화가 나서 자신을 변호할 것이다. 심은 대로 거둔다.

배우자를 은혜와 긍휼과 친절로 대하기 위해 끊임없이 노력해야 할 이유가 바로 이것이다. 그런 노력으로 결국 무엇을 얻게 될까? 은혜와 긍휼과 친절이다. 심은 대로 거둔다.

하지만 배우자에게 계속 불평과 비난을 늘어놓는다면 당신은 무엇을 얻게 될까? 배우자도 불만을 토로할 것이고, 화가 나서 자신을 변호할 것이다. 그리고 자신이 잘못했다는 것을 알면서도 자신의 행동을 정당화하기 시작할 것이다. 왜냐하면 당신이 거두는 수확은 당신이 뿌린 씨에 달려 있기 때문이다. 심은 대로 거둔다.

변명하지 말라

견고한 결혼생활을 위해 어떤 노력을 기울여야 하는가에 대한 이야기를 매듭지으면서 마지막으로 확실히 밝혀두고 싶은 것이 있다. 나는 아무것도 모르면서 순진한 소리만 늘어놓은 것이 아니다. 우리가 지금까지 이야기해 온 것들을 실제로 살아내는 것이 얼마나 힘든 일인지 나는 누구보다 잘 안다. 관계는 그리 쉽게 회복되지 않기 때문에 지속적인 관심을 가지고 돌봐야 한다.

물론 이렇게 말하고 싶은 사람들도 있을 것이다. "크레이그, 당신이 말한 것들이 다 좋긴 한데 다른 사람들에게 통했을지는 몰라도 나한테는 아닐 겁니다. 잘 모르겠습니다. 이미 할 수 있는 일은 다 해봤고 더 이상 잘 해보자는 생각 자체가 없어요. 용서하고 싶은 마음도 없고 친절을 베풀고 싶지도 않아요. 기도할 마음도 없고 그 모든 일을 위해 애쓰고 싶지도 않습니다. 결혼을 유지할 마음이 없는 것 같아요. 그냥 다 부질없다는 생각뿐입니다."

혹시 이렇게 생각했는가? 전에도 많은 부부들에게서 이런 이야기를 들은 적이 있다. 나는 그들에게 했던 조언을 당신에게도 들려주고 싶다. 어쩌면 내 조언이 가혹하게 들릴지도 모른다. 하지만 내가 직선적으로 말하는 단 한 가지 이유는, 결혼에 대한 하나님의 기대가 우리의 생각보다 훨씬 크다고 믿기 때문이다. 자, 이제 들을 준비가 됐는가?

마음이 안 생겨서 결혼생활을 위한 노력을 못 하겠다는 사람들에게 내가 하려는 말은 바로 이것이다. "지금 장난하십니까? 짜증 부리는 다섯 살짜리 어린애 같군요. 대체 당신 삶에서 '마음이 안 생긴다'는 변명으로 빠져나갈 수 있는 영역이 어디 있습니까?"

예를 몇 가지 들어보자.

"직장생활이 너무 힘들어. 이제 더 이상 직장을 다니고 싶은 마음이 없어. 올해는 그냥 쉬어야겠어."

"일하기 싫거든 먹지도 말라"는 옛말을 들어본 적이 있는가? 이 말이 어디에서 나왔는지 아는가? 바로 성경이다(살후 3:10).

"아이들 돌보는 일이 너무 힘들어. 이제 더 이상 아이들을 돌보고 싶지가 않아. 아기는 종일 울고 큰 애들은 뭔가를 계속 요구하고……. 이제 부모 노릇은 그만둘래."

하지만 그것은 불가능하다. 그러면 어떻게 해야 하는가? 크게 심호흡을 하고, 현실을 받아들이고, 마음을 추스르고, 아이들을 돌보아야 한다.

"세금은 정말 지긋지긋해. 더 이상 내고 싶지 않아. 이제는 아무런 세금도 내지 않을 거야."

정말 그렇게 한다면 어떻게 될지 궁금하다. 설령 안 내더라도 그렇게 오래 가지는 못할 것이다. 그러면 어떻게 해야 하는가? 마음이 어떻든지, 의무를 다해야 한다. 어린애 같은 마음은 걷어내고, 마음을 다스리고, 성인답게 행동해야 한다. 그리고 해야 할 일을 하는 것이다.

결혼생활을 절대 포기하지 말라는 것은, 앞으로 40년간 악몽이 이어진다 해도 이를 악물고 불행한 결혼생활을 남은 평생 참아내야 한다는 뜻이 아니다.

내 말은 심은 대로 거두게 된다는 것이다. 하나님의 말씀과 내 오랜 경험에 비추어 보건대, 결혼생활에 사랑과 용서와 은혜와 존중을 쏟아 붓고 절대 포기하지 않는다면 결국 그 열매를 거두게 될 것이다. 솔직히, 지난 시간 동안 당신이 쏟아 부은 독성들을 걷어내는 데는 꽤 시간이 걸릴 수도 있다. 하지만 계속해서 노력한다면 결국 적당한 때에 추수의 기쁨을 누리게 될 것이다.

당신은 무엇을 추수하게 될까? 나는 알 수 없다. 당신이 기대하는 결과가 내 기대와 다를지도 모른다. 하지만 몇 가지 확실하게 말해줄 수 있는 것이 있다.

다시 결혼생활을 위해 노력한다면······

하나님을 구하고, 건설적으로 싸우고, 즐거움을 누리고, 순결함을 지키고, 절대 포기하지 않는다면······

하나님을 첫 번째 짝으로 삼고 두 번째 짝과 함께 그분을 성실히 구한다면······

상처받았을 때 용서하고 필요한 순간에 당신의 죄를 고백한다면······

문제가 커지도록 방치하지 않고 배우자와 함께 해결을 위해 노력한다면······

자존심을 내려놓고 필요가 있을 때 신앙적인 상담을 받는다면……

주위에 지혜롭고 경건한 친구들을 둔다면……

모든 문제를 혼자 해결하기보다 도움을 구하려고 한다면……

때때로 좌절할 수 있음을 인정하고 그러한 좌절 때문에 당신의 노력을 멈추지 않겠다고 결정한다면……

결혼생활이 계약이 아니라 거룩하신 하나님 앞에서 맺은 언약임을 받아들인다면……

그렇다면, 하나님은 당신의 헌신과 노력에 응답하실 것이다. 당신은 간증할 이야기를 얻게 될 것이고, 훗날 지금 이 시간을 돌아볼 때 모든 것이 당신 편으로 돌아선 순간으로 기억할 수 있을 것이다. 배우자와 하나님과 거리감을 느꼈던 당신이 지금은 얼마나 그 두 존재와 친밀해졌는지 다른 사람들과 이야기하게 될 것이다.

당신이 이기적이고 분노에 차 있다면, 하나님이 그 마음을 변화시키실 수 있다. 당신의 기대만큼 좋은 남편으로 살지 못했다면, 하나님이 당신을 그분의 마음에 합한 아들로 변화시키실 수 있다. 당신의 바람만큼 그리 좋은 아내로 살지 못했다면, 성령의 능력으로 그분이 허락하신 삶의 복에 감사하고 놀라워하는 하나님의 강한 딸이 될 수 있다.

친구들은 당신을 전과 같은 시선으로 보지 않을 것이다. 당신이 가진 것을 부러워하고 그들 역시 그렇게 되길 원할 것이다. 당신은 흔들림 없는 인격의 귀한 본이 될 것이다. 직장 동료들 역시 당신의 변화를 알게 될 것이다. 당신이 전과 다른 사람이며, 다른 누구와도 다른 사람이기 때문이다. 자녀들도 당신을 자랑스러워할 것이다. 당신을 존경하고 당신의 지혜로운 조언을 귀담아 들을 것이다. 당신은 하나님께 영광을 돌리고 세대를 따라 이어지는 유산을 남기게 될 것이다.

바로 지금부터 시작이다.

오늘부터 시작하라.

결정하라.

과거가 어떻든 당신은 지금 이후로

하나님을 구하고,

건설적으로 싸우고,

즐거움을 누리고,

순결함을 지키고,

절대 포기하지 않을 것이다.

에이미의 이야기

크레이그가 앞서 여러 차례 강조했듯이, 절대 포기하지 말라는 말을 마음에 꼭 담아두길 바란다. 가장 행복한 결혼생활은 부부가 서로에게 헌신되어 있을 때 가능하다. 오래 전 신혼이었을 때, 크레이그와 나는 우연히 한 인용문을 발견했다. "서로에게 소홀해지기 전에 세상에 대해 소홀해지라"라는 칼럼니스트 앤 랜더스 Ann Landers의 말은 우리에게 큰 울림을 주었다. 얼마나 멋진 충고인가?

함께하는 시간은 매우 중요하다. 서로가 같은 방향으로 나아가도록 노력하라. 부부로서 삶을 나누는 시간을 정기적으로 갖지 않는다면 관계는 표류하게 된다. 물론 하루 24시간을 함께 할수는 없다. 우리는 모두 이런 저런 일에 파묻혀 있고 또 끊임없는 일상의 요구들 때문에 여념이 없다. 하지만 어떻게든 둘 사이의 접촉점을 찾고 마음을 같이 하라. 건강한 결혼생활을 하는 사람들은 서로에게 소홀히 하지 않는다. 배우자와 함께 있는 시간을 다른 것들이 방해하지 못하게 하라. 그리고 하나님께 이 일을 계속 추구해 나갈 수 있는 방법을 가르쳐 달라고 기도하라. 가장 먼저 하나님을 구하고, 인간관계에서 당신의 배우자를 우선순위에 두라.

내가 사람들에게 추천하는 한 가지 방법은 배우자를 위해 매일 기도하는 것이다. 실제로 나는 크레이그를 위해 꾸준히 기도하고 있다.

이런 명확한 방법^{배우자의 삶에 동행해 달라고 기도하는 것} 외에도, 그런 마음으로 배우자에 대해 생각한다면 당신은 자연히 그의 편에 서게 된다. 배우자가 원수처럼 보이는 데까지 이르렀다면 그를 위해 더 열심히 기도해야 한다. 〈누가복음〉 6장 28절에서 예수님은 저주하는 자를 위하여 축복하며 모욕하는 자를 위하여 기도하라고 말씀하셨다. 배우자를 위해 기도하는 것이야말로 당신이 할 수 있는 최선의 방법이다.

기도로 하나님과 교제하는 것은 우리 자신의 마음을 위해서도 중요하다. 교만은 결혼생활에 있어 치명적인 악이다. 많은 경우, 우리가 관계 속에서 놓치는 부분이 바로 겸손이다. 나는 잘못된 것을 바로잡고 싶어 하는 마음에 사로잡힐 때가 있다. 하지만 교만은 친밀함에 있어서 큰 벽이다. 나를 낮추고 평화를 구할 때만 사랑의 감정이 자라난다. 나는 겸손한 마음으로 하나님이 내게 베푸신 동일한 은혜와 자비를 크레이그에게 나눠주려 한다.

예수님은 〈마태복음〉 19장 26절에서 하나님에게는 모든 것이 가능하다고 말씀하셨다. 이 진리를 붙들고 계속 노력하면서 겸손히 배우자를 위해 기도하라.

하나님이 당신의 결혼생활을 위해 하실 수 있는 일을 당신이 먼저 포기하지 말라.

절대 포기하지 말라.

마치며.
우리의 생명이
다할 때까지

마치며.
우리의 생명이 다할 때까지

좋은 의도가 있다고 해서 언제나 좋은 행동으로 나타나지는 않는다. 그런 면에서 당신이 이 책을 처음부터 다 읽은 것에 대해 감사하게 생각한다. 나 역시, 시작만 하고 끝내지 못한 책들이 얼마나 많은지 모른다. 이 책을 끝까지 읽었다는 사실은, 당신이 하나님께 순종하고 결혼생활을 끝까지 지켜내는 데 큰 관심이 있음을 보여주는 것이다. 지금까지 읽은 내용이 당신에게 용기를 주었기를 바란다.

내 과거와 실수와 죄를 돌아보면, 내가 하나님을 섬기는 행복한 결혼생활을 누릴 자격이 없는 사람임을 인정할 수밖에 없다.

(에이미 역시 자신에 대해 이렇게 고백할 것이다.) 그리스도인이 되기 전에, 나는 누군가를 사귈 때마다 항상 바람을 피웠다. 한 명도 빼놓지 않고 말이다. 에이미만이 내가 유일하게 충실함을 지킨 사람이다. 실은 그리스도인이 되고 나서도 내가 충실하고 경건한 남편이 될 만한 자질이 있는가에 대해 의심을 품었다. 그 의심은 사실이었다. 그것은 지금도 마찬가지다. 나에게는 그러한 자질이 부족하다. 그 때문에 나는 많은 부부들이 결혼서약에서 맹세하는 이 말을 좋아한다. "우리의 생명이 다할 때까지 배우자에게 충실할 것을 약속합니다. **하나님, 나를 도와주소서.**"

누군가를 무조건적으로 사랑하는 일에 하나님이 필요하다. 누군가의 죄를 눈감아 주는 일에 하나님의 도우심이 필요하다. 구석구석에 숨어있는 유혹들로부터 나를 지키는 일에 그분의 도우심이 필요하다. 예수님이 그렇게 하셨듯이 에이미를 위해 내 목숨을 버리는 일에 그분의 도움이 필요하다. 하나님이 없다면 우리의 결혼생활은 특별할 것이 없다. 아니, 다른 많은 사람들처럼 결혼생활에 좋지 못한 결말을 맺게 될 가능성이 더 크다. 하지만 하나님을 우리의 첫 번째 짝으로 맞아들일 때 그분은 우리를 하나로 만드실 것이다. 그리고 그 누구도 하나님이 하나가 되게 하신 것을 갈라놓을 수 없다.

이런 일은 당신에게도 일어날 수 있다. 당신은 하나님이 원하시는 결혼생활을 할 수 있다. 하지만 하나님의 도우심 없이는 불가능하다.

당신의 과거가 어떠했든 오늘은 새로운 날이다. 새로운 기회, 그리고 새로운 시작이다.

지금 이후로, 모든 것이 달라질 수 있다.

지금 이후로, 당신은 치유될 수 있다.

지금 이후로, 당신은 더 친밀해질 수 있다.

지금 이후로, 당신이 용서함을 받았듯이 상대방을 진정으로 용서할 수 있다.

지금 이후로, 당신은 배우자와 전보다 훨씬 더 가까운 관계를 가질 수 있다.

반드시 기억하라. 과거는 과거일 뿐이다. 당신은 과거를 바꿀 수 없다. 하지만 하나님은 당신의 미래를 바꾸실 수 있다. 하나님은 사탄이 악하게 사용하려 했던 것을 취하셔서 선하게 사용하실 수 있다. 하나님은 당신의 결혼생활에 해가 되는 것을 취하셔서 두 사람을 더 강하고 친밀하게 하시며, 또한 결코 깨지지 않는 확고한 관계를 허락하실 수 있다.

극복할 문제가 너무 많다고 느낄지 모른다. 하지만 그렇지 않다.

회복할 수 없을 만큼 상처가 크다고 느낄지 모른다. 하지만 그렇지 않다. 당신에게 그럴 만한 자질이 없다고 느낄지 모른다. 당신에게 그런 자질이 없다 해도 하나님은 하실 수 있다.

결혼생활을 잔뜩 뒤엉킨 채로 내버려두지 말라. 그럴 필요가 전혀 없다. 단순하고 분명하며 그리스도가 중심에 계신 결혼생활을 하라.

이전에 있었던 일들을 뒤로 하고 이제 배우자와 함께 하나님을 구하라. 그분은 당신의 원천이시며 힘과 양식이 되신다.

건설적으로 싸우라. 이기기 위해 싸우지 말고 하나님이 당신에게 주신 승리를 가지고 싸우라. 배우자와 함께 해결책을 찾으라. 그러면 두 사람의 차이가 서로를 갈라놓는 것이 아니라 서로를 더 강하게 할 것이다.

예전에 그랬듯 서로를 기뻐하고, 하나님이 계획하신 모든 즐거움을 누리라. 함께 있는 즐거움, 활동의 즐거움, 그리고 육체의 즐거움을 말이다.

더러운 독을 버리고 순결함을 지키라. 한 순간의 쾌락이 아무런 가치가 없음을 반드시 기억하라. 아무런 틈도 허락하지 말라.

그리고 하나님이 당신을 포기하지 않으셨듯이, 하나님과 당신의 결혼을 절대 포기하지 말라.

감사의 말

이 책이 나오기까지 우리에게 도움을 준 모든 친구들에게 깊은 감사를 전한다.

더들리 델프스. 당신과 함께하는 모든 프로젝트는 내게 축복이다. 당신은 멋진 편집자이지만, 내겐 더 없이 좋은 친구다.

데이비드 모리스, 톰 딘, 존 레이몬드, 브라이언 핍스, 그리고 존더반의 모든 팀. 언어를 통해 그리스도를 기쁘시게 하는 당신들의 마음이 있기 때문에 당신들과 함께 일하는 것이 언제나 즐겁다.

톰 윈터스. 우리를 믿어주고 우리 교회의 가족이 되어줘서 고맙다.

브래넌 골든. 당신이 있기에 우리의 모든 프로젝트가 언제나 더 훌륭해진다. 하나님은 당신에게 놀라운 선물을 주셨다. 우리에게 그것을 나눠줘서 고맙다.

로리 탭, 에이드리언 매닝, 스테파니 폭. 당신들은 세계 최고의 지원팀이다. 당신들을 사랑하고 당신들로 인해 하나님께 감사한다.

케이티, 맨디, 애나, 샘, 스티븐, 조이. 예수님을 섬기고자 하는 너희들의 열정을 보면 너무 자랑스럽다. 너희들과 함께하는 매일을 하나님께 감사한다.

지금 당신이 최고다

초판 1쇄 인쇄 2015년 7월 24일
초판 1쇄 발행 2015년 7월 31일

지은이 크레이그와 에이미 그로쉘
옮긴이 박지은

펴낸이 한정숙
펴낸곳 선한청지기
등 록 제313-2003-000358호
주 소 서울특별시 마포구 동교로 12길 41-13 (서교동)
전 화 (02)322-2434(대표)
팩 스 (02)322-2083
블로그 blog.naver.com/sunhanpub
홈페이지 www.kukminpub.com

편 집 홍순원, 한수정
영 업 김종헌
표지 디자인 우진(WOOJIN)
내지 디자인 블루
기독교 총판 생명의 말씀사

ISBN 979-11-953030-7-6 03230

이 도서의 국립중앙도서관 출판예정도서목록(CIP)은 서지정보유통지원시스템 홈페이지(http://seoji.nl.go.kr)와
국가자료공동목록시스템(http://www.nl.go.kr/kolisnet)에서 이용하실 수 있습니다.
(CIP제어번호: CIP2015019699)